Focusing

Colección Psicología

18

Eugene T. Gendlin

Focusing

UNDÉCIMA EDICIÓN

Mensajero

Título original:
Focusing

Esta edición ha sido publicada por acuerdo con Bantam Books, un sello de Random House, una división de Penguin Random House LLC.

Traducción:
Equipo del «Seminario Gendlin» de Sevilla

Grupo de Comunicación Loyola
Padre Lojendio, 2
48008 Bilbao – España
Tfno.: +34 944 470 358
info@gcloyola.com

Diseño de cubierta:
Laura García Carbajosa

Impreso en España. *Printed in Spain*
ISBN: 978-84-271-4910-6
Depósito legal: BI-795-2024

Fotocomposición:
Marín Creación, S. C. – Burgos / www.marincreacion.com

Impresión y encuadernación:
Gráficas Lope, S. L. – Salamanca / www.graficaslope.com

FSC
www.fsc.org
MIXTO
Papel | Apoyando la silvicultura responsable
FSC® C151035

Índice

TERCERA PARTE
PERSONAS EN AYUDA RECÍPROCA

CUARTA PARTE
FOCUSING Y SOCIEDAD

APÉNDICES

Prólogo a la primera edición española

Al dar la bienvenida a la traducción española, pienso especialmente en la sensibilidad que nuestros visitantes y colaboradores de habla española nos han mostrado aquí respecto a la relación entre la psicología y los problemas sociales. Vuestra literatura psicológica es mucho más consciente y está más preocupada con esta relación que la nuestra.

El proceso y la técnica del enfoque corporal (*focusing*), por supuesto, es una manera de dar un núcleo de psicoterapia a la gente normal; dándoselo de forma que cualquiera lo pueda usar, sin autoridades, doctores, o la implicación de que alguien está «enfermo». El proceso del enfoque corporal no está necesariamente relacionado con la psicoterapia de forma única de ahora en adelante. Esta es solamente una de las muchas áreas en las que es usado.

La fuente interior, dentro de cada persona, tiene implícitamente el conocimiento lingüístico de todo lo que esa persona ha aprendido, oído o pensado alguna vez, pero también contiene una organización más básica del organismo humano, así como la progresiva diferenciación única y el desarrollo del vivir de esa persona hasta ahora. Esta es la razón por la que, cuando una persona presta atención primariamente a una sensación y sentimiento global no claros, es tanta la sabiduría implícita en ella que resulta impensable, para esta persona o para cualquier otra, hasta ese momento. Incluso personas de una educación muy rudimentaria hablan una cierta clase de poesía en tales ocasiones, porque deben usar las palabras de una forma novedosa y fresca para designar nuevos aspectos específicos, de forma muy parecida a lo que el poeta tiene que hacer con el lenguaje.

Cualquier situación, ya sean problemas grandes y complejos o las preocupaciones de cada día, ya sea lo que está implicado en escribir de forma creativa, alguna situación personal o problemas técnicos o de investigación; cualquier situación –decimos– la vivimos en nuestros cuerpos y siempre tenemos –además de lo que podemos pensar claramente– una sensación de «más». Algunas veces es un sentimiento insatisfecho, lóbrego, ambiguo o no claro de malestar, de que allí hay más de lo que habíamos pensado. Estamos acostumbrados a escaparnos de eso, como si fuera algo imposible de pensar. Pero de este sentido y sensación no anunciada provienen más aspectos específicos y más conocimientos que los que pensábamos que teníamos.

Una vez que la persona ha descubierto esa fuente interna, el sujeto ya no puede ser sustituido (suplantado) por alguien o por algo distinto, porque percibe con gran claridad que ningún otro puede conocer mejor la propia vida de uno, así como los pasos de su posterior evolución. Uno está abierto a toda clase de aprendizajes, pero la evaluación última siempre procede de dentro.

Sé muy bien que esto está cambiando el valor básico de la perspectiva de la psicología, alejándola del modelo médico, pero aquí hay unas implicaciones mucho más grandes para una sociedad libre.

Hemos visto alguna estructura institucional cambiada de tal manera que todos y cada uno de los individuos podrían contribuir y por lo tanto que ahí se daba tiempo, espacio y recepción para esto. Pero estamos solamente muy en los comienzos.

Al trabajar con las personas en el proceso del enfoque corporal uno encuentra maneras para asegurar que realmente logren un refuerzo interior, en lugar de que se les hable y que se les pida que usen esa pequeña reserva de energía que tienen. Todos pueden dar con este proceso de enfoque corporal y encontrar por ello algo de tiempo para dedicárselo: tan solo unos pocos minutos y sin embargo les pueden proporcionar el lograr más energía y volver a casa más fuertes. Esto parece ser verdad cualquiera que sea el trabajo que puede ser hecho con ellos.

Lo mismo es verdad para nosotros, los que trabajamos con la gente. La atención a nuestras señales ambiguas, molestas y no del todo claras sentidas corporalmente es importante. Cuando estas señales aparecen en el foco aportan nueva energía, así como nos guían mejor. Y si nosotros también logramos muchas veces durante el día «obtener algo para nosotros mismos», entonces podemos servir con mucha mayor efectividad.

Esto también elimina la gran división entre los profesionales de la ayuda y aquellas personas con las que trabajamos. Todos somos lo mismo y un «nosotros» así planteado es mejor y más verdadero.

Las divisiones entre gente diferente y entre psicología y ciencias sociales desaparecen y se abre un campo nuevo y más amplio.

Pero a mí me parece probable que las personas de habla hispana, que ya cuentan con una comprensión más desarrollada de la unidad de estos campos, serán las que desarrollen más ampliamente los comienzos que hay en este libro.

Eugene Gendlin, Ph. D.

Focusing: un instrumento para tiempos de cambio

Una introducción a la primera edición

Focusing, la técnica descrita en las páginas de este libro, es algo muy apropiado para nuestros tiempos turbulentos, cuando tantas viejas fórmulas están derrumbándose y viejos roles están desapareciendo. La mayoría de nosotros tenemos que inventar, descubrir y crear los pasos siguientes de nuestras vidas sin una luz, un mapa o una tradición relevante. Estamos tratando de mantenernos al paso de una tecnología rápidamente cambiante, tratando de entendernos a nosotros mismos y nuestras relaciones, buscando maneras de estar bien, buscando significado en nuestro trabajo y un nuevo centro dentro de nosotros mismos.

En una serie clásica de ensayos, el antropólogo Anthony C. W. Wallace describió el fenómeno del «despertar cultural». Tales movimientos están provocados por el estrés, observó. Los intrincados caminos de la cultura, las habituales secuencias del comportamiento, están bloqueados. La gente no puede moverse en los roles que había anticipado; sus vidas no se van desarrollando en las formas que se les había sugerido que podían esperar.

Por la coacción de formas sociales desintegrantes, unos pocos individuos creadores –Wallace los llamó «luces nuevas»– proponen una salida: unos nuevos senderos a través del laberinto cultural. Al principio hay una resaca de índole «nativista[1]» en la que los tradicionalistas urgen una vuelta atrás a las antiguas formas, pero, a fin de cuentas, por necesidad histórica, las nuevas luces se mantienen. Sus ideas son adoptadas y la sociedad entra en una nueva era.

Claramente, nuestra cultura está en los primeros estadios de la transición descrita por Wallace. Todo aspecto de nuestra sociedad y toda institución se ven desafiados. La estructura política, el *establishment* médico y educativo, la economía, la familia, la religión, el lugar de trabajo, todos están sometidos a cambios. No tenemos mapas colectivos.

Eugene Gendlin escribe: «Hoy muchas personas están luchando con un hecho asombroso. Los viejos patrones por medio de los cuales se espera que la vida funcione –y una vez así fue– ya no sirven. Por ejemplo, el ser padre hoy no resulta, si tratamos de hacer lo mismo que hicieron nuestros padres; sin embargo, no se ha establecido ninguna otra forma que podamos seguir. Tenemos que ir creándola sobre la marcha…».

Los viejos patrones fueron útiles entonces, reconoce. Excepto unos pocos inconformistas, históricamente la mayoría de las personas se ajustaron a sus roles. «Solo un pequeño número de personas instruidas y capaces de pensar *crearon* roles y patrones».

Pero hoy una gran multitud de personas son cultas, han recibido una educación, y tienen una mayor capacidad de

[1] Nativista, en español, significa innato, pero aquí se utiliza la palabra «*nativist*» que en los EE. UU. significa la actitud de defender los intereses de los nacidos en el país frente a los de los inmigrantes o recién llegados. En un sentido figurado, significa un miedo o recelo hacia a lo nuevo o desconocido.

ser creadoras. Se sienten confinadas por roles y emociones estereotipados. Tienen sentimientos «mucho más complejos que los roles establecidos exigen u ofrecen».

A causa de los cambios radicales que como cultura estamos experimentando, tenemos sentimientos, emociones y sensaciones nuevos y «difusos», para los cuales no existe un patrón común. Estamos tratando de crear nuevas formas apropiadas a tiempos nuevos. Y tenemos una oportunidad excitante y sin precedentes. «Si nos aceptamos a nosotros mismos y a los demás como "creadores de formas" (*form-makers*), ya no necesitaremos forzar formas en nosotros o en los demás».

Eugene Gendlin y sus compañeros en la exploración del proceso de focusing son «luces nuevas» en este despertar, ofreciendo no solo alternativas culturales, sino un instrumento para entender nuestros sentimientos y sensaciones «difusos» e inventar nuevos patrones de vida. El focusing es una llave para un impulso y un desarrollo personales, un proceso dinámico que puede guiarnos a través de los complicados laberintos de un nuevo mundo.

Lo mismo que cualquier poderosa idea nueva, el focusing no se puede describir fácilmente con términos antiguos. Nos introduce en un territorio poco familiar, el ámbito del potencial creativo, que ordinariamente hemos considerado reservado a los artistas e inventores.

Nuestros cerebros y nuestros cuerpos saben mucho más de lo que normalmente está a nuestra disposición. Solo somos conscientes de un fragmento de lo que a un nivel profundo sabemos. El sistema nervioso central percibe y procesa un gran cúmulo de información que está almacenada fuera del alcance de nuestra consciencia cotidiana. Parte de esa información se maneja mejor si permanece inconsciente. Pero el conflicto, el dolor y los problemas no resueltos pueden llegar a originar inquietud crónica, paralizar nuestro crecimiento, e incluso ponernos enfermos.

El complejo cuerpo-mente puede proveer nuevos pasos. Nuestro conocimiento corporal más profundo puede ser acogido y luego vivido más a fondo. El focusing, cuyos pasos se describen con cuidado y claridad, aprovecha y articula nuevo conocimiento subliminal. Se hace amigo del «cuerpo» y lo escucha. Para Gendlin, el término «cuerpo» designa el conjunto de todo el entorno mente-cerebro, tal como nosotros lo percibimos. (Los cambios provocados por el focusing, sentidos en el cuerpo, implican igualmente a estructuras cerebrales más profundas).

El focusing es a la vez ricamente complejo y sorprendentemente simple. Es mental y cinestésico, misterioso en su capacidad de hacer surgir sabiduría escondida, holístico en su respeto por el felt sense de un problema. Siendo un método efectivo por sí mismo, es también valioso cuando se usa conjuntamente con diversas psicoterapias, con el *biofeedback* o con la meditación para desbloquear el proceso creativo y definir problemas.

En una palabra, el focusing da resultado con cualquier tipo de «situación de bloqueo».

Oí hablar del focusing por primera vez en una conferencia clínica en Chicago, en 1977. Un psicólogo, Norman Don, informó sobre una reciente investigación en la que había colocado electrodos en el cerebro de practicantes experimentados de focusing. Después, observó los patrones de sus ondas cerebrales mientras intentaba provocar un cambio interior sentido (*felt shift*), la expresión que usa Gendlin para designar el cambio corporal y la sensación de alivio que acompañan la repentina nueva comprensión de un sentimiento hasta entonces confuso.

La actividad rítmica alfa y theta del cerebro cambió justo antes de que los practicantes de focusing dieran la señal de un cambio-sentido. Los patrones de la subsiguiente actividad electroencefalográfica sugirieron «reorganización a un nivel más alto de integración». Yo di cuenta de los experimentos de Don en el número de mayo de 1977 de *Brain-Mind Bulletin.*

En abril de 1978, pude ver los primeros seis capítulos del manuscrito de *Focusing*. Llena de curiosidad por saber más acerca del método y su fisiología, dejé de lado mi trabajo y empecé a leer.

Lo primero que me llamó la atención fue el tono fácil, conversacional, del libro; el esfuerzo por transmitir el concepto de focusing a un nivel sencillo. Después me fui sintiendo cada vez más entusiasmada por las posibilidades del método. Siguiendo las instrucciones del método, llevé a cabo un primer intento de enfocar... y ¡bingo! El proceso provocó una abrumadora revelación (*insight*) personal, una repentina fusión de conocimiento intelectual y visceral. Este cambio alivió una tensión de la cual yo apenas había sido consciente. Me sentí ligera y libre, eufórica, como si me hubieran quitado de encima un peso con el que cargaba desde hacía mucho tiempo. El cambio-sentido marcó el fin de un año de sufrir dolorosas jaquecas.

Desde entonces, he enseñado los rudimentos del focusing a varias personas, incluidos mis hijos, que se encontraban en situaciones de estrés inesperadas. Aunque es mejor plantearse el focusing como una estrategia deliberada durante un cierto periodo de tiempo, también es valioso como una especie de primeros auxilios psicológicos, tan útil para una persona angustiada, «bloqueada», como un torniquete a la víctima de un accidente. Y he regalado el libro a innumerables amigos que se sentían bloqueados y estaban abiertos a probar nuevas herramientas.

La psicología moderna mantiene que algunas veces podemos resolver nuestros problemas haciendo uso de materiales que están bajo la superficie de nuestra conciencia. Nuevas preguntas y respuestas parecen quedar fuera de nuestro alcance. Captar y utilizar conocimientos inconscientes ha sido un asunto incierto y errático.

El focusing surgió a partir de la observación hecha por Gendlin y sus colaboradores de que muchas personas no estaban obteniendo ningún beneficio de la terapia tradicional. Las personas que sí obtenían una mejora importante se caracterizaban por su capacidad de recurrir a un proceso interno que la mayoría de los clientes desconocía. Gendlin se propuso entender este proceso, de modo que pudiera ser enseñado y utilizado por cualquiera.

El focusing se mueve hacia dentro, valiéndose de información que viene del yo (*self*) más profundo y más sabio («el cuerpo»). Si se dan los pasos correctos, normalmente, en medio minuto aproximadamente, tiene lugar el cambio-sentido o alivio corporal.

Curiosamente, de acuerdo con lo que ahora sabemos acerca de cómo los dos hemisferios cerebrales se especializan en su modo de conocer, parece que el fenómeno del cambio-sentido de hecho puede reflejar un conocimiento del cerebro en su conjunto. Es decir, el hemisferio izquierdo del cerebro, el analítico, el dominante para el lenguaje, nombra aquello que hasta ahora permanecía inarticulado y borroso, conocido solamente por el hemisferio derecho, holístico y mudo. La nueva información parece estar mediada primariamente por el hemisferio derecho, que también está mucho más conectado con el cerebro límbico, más antiguo desde el punto de vista evolutivo.

La emergencia de un avance en la solución de un problema y la simultánea sensación física de alivio sugieren que se da un repentino conocimiento en *ambos* hemisferios.

El cambio-sentido es esencialmente idéntico a la intuición (*insight*) liberadora propia del proceso creativo. La persona que es espontáneamente creativa ha aprendido a prestar atención a impresiones que al principio son vagas, pero que se van abriendo a nuevos significados. El focusing hace que mejoren las puntuaciones en muchas medidas de la creatividad. Gendlin ha señalado que la mayoría de los enfoques para enseñar a ser creativo se basan en lo negativo, en cómo abandonar viejas creencias; pero hay pocas estrategias para abordar lo nuevo. Focusing es uno de esos métodos. Ayuda a hacer explícito lo implícito. Define y expresa el conocimiento difuso y preverbal.

Focusing es también optimista. Ve a la persona en términos de proceso, no de patología.

Focusing puede propiciar cambios importantes. Con estos cambios más profundos, decía Gendlin en una entrevista, a veces tiene lugar un cambio corporal sin las palabras, frases o imágenes que habitualmente lo acompañan. «Toda una constelación está cambiando. Las ideas son tan nuevas que todavía no tenemos forma de hablar de ellas».

Ordinariamente, decía, nosotros reaccionamos de la forma acostumbrada, «volviendo a empaquetar nuestras experiencias en los mismos viejos conceptos, cuando lo que necesitamos es que entre algo más amplio». Si la persona que enfoca se mantiene con la sensación corporal de la constelación cambiante, surgirán al fin nuevos lenguajes y nuevas metáforas, apropiadas para la nueva forma de entender.

Este libro, *Focusing*, no es un mero reempaquetado de sabiduría convencional de autoayuda. Es, al mismo tiempo, un manual y una filosofía. Habla acerca de la sabiduría del cuerpo, de los pasos a seguir en la técnica del focusing, de cómo descubrir la riqueza de otros por medio del aprendizaje de la escucha. Contempla la posibilidad de un nuevo tipo de relaciones y de un nuevo tipo de sociedad, trascendiendo roles y modelos anticuados. «Se está formando una nueva sociedad», nos dice Gendlin, «en la que los individuos están mucho más desarrollados y son mucho más conscientes de lo que ha sido habitual a lo largo de la historia... Una sociedad de creadores de modelos se aproxima».

Este libro trata de esa sociedad y de cómo podemos facilitar su emergencia ayudándonos a nosotros mismos y a los demás.

Marilyn Ferguson
Los Ángeles, noviembre de 1980

A modo de prólogo

Esta aventura comenzó durante el confinamiento duro que tuvimos entre marzo y junio de 2020. Esa especie de retiro sobrevenido al que la vida nos condujo me impulsó a abordar una tarea que resultaba muy estimulante para mí: elaborar mi propia traducción de *Focusing* de Gendlin en la edición del 25.º aniversario de su publicación. Lo que no sabía era lo que ese camino me iba a deparar, lo dichoso y apasionante que me iba a resultar.

Recién puesto manos a la obra me encontré con una «perla» que dio un nuevo sentido a la tarea que estaba emprendiendo. En el capítulo 1, titulado «The Inner Act» [El acto interno], Gendlin dice lo siguiente sobre dicho acto interno: «*I am using it right now, in the process of writing this book*» [Estoy usándolo ahora mismo, en el proceso de escribir este libro]. Por tanto, en el proceso de lectura y traducción del libro, iba a estar asistiendo en vivo y en directo al propio proceso de focusing de Gendlin. Con mi lectura y posterior traducción iba a acompañar su proceso y, a la vez, yo mismo iba a tener mi propio proceso.

A medida que iba avanzando me sentía más y más estimulado. Iba captando la sutileza, la riqueza, la inmediatez y la profundidad del texto. En un principio lo contrastaba con la traducción ya existente, corrigiendo sus errores más evidentes, hasta que, en un cierto momento, dejé de hacer comparaciones permitiendo que la nueva traducción fuera teniendo su vida propia.

Una vez concluida la traducción me surgió el impulso de compartir la experiencia en mi círculo más cercano del grupo «Cambios», de Sevilla. No tanto el texto final, más si cabe teniendo en cuenta mis limitaciones con el inglés, como el proceso seguido y, sobre todo, el gozo sentido. Fruto de este compartir fue la creación de un colectivo denominado provisionalmente «Seminario Gendlin Sevilla» y la propuesta-proyecto de afinar la traducción para llegar a un texto final consensuado[1].

Comenzamos la andadura como Seminario en septiembre de 2021, con un calendario de reuniones mensuales *online* de hora y media, y una organización de trabajo planificada de antemano en tres fases: una primera fase de revisión lingüística, enfocada en la corrección de mi traducción del inglés al español; una segunda fase de revisión estilística, para darle a la traducción la impronta de la forma expresiva más adaptada a la lengua española; y la fase final de ajuste con la comprobación de las resonancias internas suscitadas por la lectura del texto.

Hemos trabajado en el entorno Drive de documentos de Google, de manera que cada integrante del Seminario ha tenido posibilidad de intervenir en cualquiera de las fases de trabajo. De todas formas, ha habido personas que específicamente han estado más centradas en una fase o en otra: Alejandra y Monica, por su condición de personas cuya lengua materna es el inglés, han estado más implicadas en la fase de revisión lingüística; Menchu, Margarida y Pablo, por su preparación personal y por su experiencia

[1] Nuestra traducción no incluye los dos textos introductorios que van antes de este «prólogo», que fueron traducidos por Josefina Martínez y están tomados de las ediciones anteriores del libro.

profesional, han participado más intensamente en la fase de revisión estilística; Blanca y Fina, como *focusers* experimentadas, han trabajado más en la fase de comprobación del ajuste entre la experiencia personal y las resonancias suscitadas por la lectura del texto. Quiero subrayar la activa participación de todas las personas integrantes del Seminario en las tres fases del trabajo, sin encasillamientos ni pretensiones de autoridad.

En las sesiones mensuales ha habido un liderazgo compartido y un afrontamiento de la tarea muy congruente con focusing, desde el felt sense de cada intervención, desde la escucha y la direccionalidad de la resonancia interna de lo leído, siempre con apertura a nuevas relecturas y formulaciones. Hemos comprobado la complejidad de la empresa que estábamos afrontando y vivido la intensidad del trabajo, así como la belleza del mismo, sobre todo cuando estábamos en el trabajo grupal.

También quiero destacar algunas de las decisiones más importantes que han jalonado nuestra andadura como trabajo de grupo. La primera decisión fue sobre la forma de trabajo, que fue modelándose hasta hacerse fluido; la segunda fue sobre la decisión de no traducir términos como «*focusing*» o «*felt sense*», que podemos considerar ya como universales, y la tercera, muy relevante y que ha impregnado todo nuestro trabajo, fue sobre el compromiso de reflejar en el texto la consideración del lenguaje inclusivo, superando los usos del lenguaje condicionados por una visión predominante en el que la mujer es relegada a una participación secundaria plagada de estereotipos negativos. Este último aspecto, por su importancia y actualidad, estará recogido de manera específica a través de una declaración de los criterios adoptados.

Confirmamos lo enriquecedora y clarificadora que ha resultado esta relectura, lo cual es aún tanto más sorprendente cuanto que no somos personas primerizas en focusing. También lo que ha supuesto de redescubrimiento y reconexión con Gendlin, además de algo indefinible y más allá de las palabras que el texto transmite. Me gustaría resaltar lo estimulante que ha sido este proceso para nuestra práctica personal, y manifestar el íntimo anhelo de que pueda ser también estímulo para otras personas.

Reconocemos la dificultad del trabajo emprendido. Sentimos agradecimiento y comprensión por las personas que estuvieron implicadas en la traducción inicial al español. Esta es nuestra versión, sin pretensión ninguna de querer elevarla a definitiva. Consideramos que es una versión que queda abierta a futuros ajustes que la puedan acercar aún más al propósito inicial de Gendlin.

Ciriaco Uriarte Ayo, coordinador del proyecto
Focusing CiT y FOT

Equipo de traducción

Ciriaco Uriarte Ayo, Coordinator-in-Training y FOT (Focusing Oriented Therapy). *Coordinador del proyecto de traducción.*

Margarida Barbal Rodoreda, Diplomada en Focusing

Monica Coquoz, Focusing Trainer y FOT (Focusing Oriented Therapy)

Alejandra Johnson Stapells, PFP (Proficiency Focusing Partnership), Focusing Trainee

Menchu Mozo González, PFP (Proficiency Focusing Partnership), Focusing Trainee

Pablo Pérez Benedicto, Focusing Trainer

Fina Rodríguez López, PFP (Proficiency Focusing Partnership), Focusing Trainee

Blanca Ruiz Muñoz, Advanced Focuser

El género en la traducción

En la traducción que proponemos, hemos optado por el uso de un lenguaje inclusivo, no sexista, lo que nos ha supuesto una importante labor de revisión del género gramatical utilizado en el texto original. Con esta tarea no buscábamos adecuarnos a lo que hoy se consideraría un uso políticamente correcto del lenguaje o quedarnos en una propuesta de carácter meramente formal. No ha sido nuestra intención abordar la tarea con rigidez. Sí lo ha sido sentir que con las fórmulas que estábamos incorporando dábamos más espacio a las personas.

El lenguaje evoca en nuestras mentes representaciones sobre la realidad. ¿Experimentamos alguna diferencia cuando leemos «un amigo» o cuando leemos «una persona amiga»? ¿Se transforma nuestro sentir? ¿Representamos en nuestras mentes, nos imaginamos, sin darnos cuenta, a un hombre varón cuando leemos «un amigo» y, en cambio, leer «una persona amiga» nos abre a la posibilidad de que esa persona pueda ser hombre o mujer?

Nuestra propuesta de revisión ha sido estudiar las alternativas disponibles para cada caso y no aplicar una misma fórmula mecánicamente. Además, hemos tenido en cuenta el contexto para que no se modificase el sentido de la frase. Así, en la medida de lo posible, hemos incorporado palabras de género neutro («la persona que observa» en vez de «el observador», «el ser humano» en vez de «el hombre»); en ocasiones, hemos nombrado a la institución o la función en vez de a la persona («La terapia nos ayuda a...» en vez de «El terapeuta nos ayuda a...»); hemos cambiado las formas de redacción («Siento enfado» en vez de «Me siento enfadado»). A veces, cuando nos parece que no hay otra solución mejor, hemos duplicado el género, teniendo cuidado de no sobrecargar el texto («las y los presentes» o «las madres y los padres»).

Cuando Gendlin emplea ejemplos en primera persona utilizando el masculino genérico, pero en los que la persona que los protagoniza podría ser tanto un hombre como una mujer, hemos optado por traducir uno en masculino, otro en femenino, y así sucesivamente, para que los casos estén compensados, intentando además que el género gramatical elegido no reforzase los estereotipos asociados socialmente a la masculinidad y a la feminidad.

Finalizada la revisión, esperamos haber podido lograr nuestro objetivo...

Focusing ahora

Una introducción a la edición del 25 aniversario

Hace 25 años, cuando focusing era nuevo, asombré a un colega de la Universidad de Chicago al decir: «El inconsciente es el cuerpo». Ahora mismo, el énfasis en el cuerpo como fuente de información e innovación no es nuevo. Pero, exactamente, cómo es posible sacar provecho de esa fuente, aún no es algo ampliamente conocido. Solo de la Comunidad de Focusing se pueden extraer unas instrucciones bien desarrolladas y comprobadas para el acceso directo al conocimiento corporal y a los nuevos pasos que vienen de ello.

La gente vive hoy a distintas distancias de esta fuente corporal. Les digo a quienes trabajan como terapeutas: cuando las personas en terapia digan algo importante, pon tu mano entre tu estómago y tu pecho, y pregúntales: «Si atiende aquí, ¿qué viene de su cuerpo en relación a esto?». La terapia inmediatamente se profundizará con quienes ya están cerca de esta fuente. La otra mitad preguntará: «¿Qué quiere usted decir?».

Compruébalo tú. Date cuenta de dónde en mis próximas frases ya no sabes de qué estoy hablando. Desde ahí podemos llevarte más lejos.

Tienes un sentido de orientación corporal. Sabes quién eres y qué te trae a esta habitación y leer esta página. Para saberlo no necesitas pensar. El conocer es sentido físicamente en tu cuerpo y puede ser encontrado fácilmente. Pero este conocimiento corporal puede extenderse mucho más profundamente. Puedes aprender cómo permitir que venga un *felt sense*[1] corporal más profundo en relación a cualquier situación específica. Tu cuerpo «sabe» la globalidad de cada una de tus situaciones, considerablemente más aspectos de los que puedas pensar. Aquí encuentras un intrincado conocimiento corporal y nuevos pasos que quieren venir, y vendrán si puedes esperar ahí.

Después de que encuentres este nivel más profundo, requiere práctica mantenerse ahí. En un momento difícil, mucha gente no puede sostener el sentir corporal de la situación suficiente tiempo como para que vengan los pasos siguientes. Focusing puede entrenarte en hacer esto. Mucha gente no sabe cómo dejar que el poco claro felt sense se «abra» al campo total de intrincados detalles desde el cual emergen nuevos pasos de pensamiento y acción.

Focusing es ahora una red mundial. La gente que conoce focusing pregunta: «¿Cuál sería el siguiente paso?». Pero esto puede parecer una locura al resto de nuestra sociedad. ¿Cómo podrían surgir nuevas ideas realistas y pasos de acción desde el cuerpo? ¿No es el cuerpo una máquina? ¿Cómo puede venir más del cuerpo que lo que ya ha incorporado la evolución, el lenguaje y la cultura?

En filosofía, las posiciones «objetivistas» sostienen que la experiencia humana es un espejismo que emana

---

[1] La traducción más extendida es la de «sensación sentida», de todas formas, optamos por mantener la denominación de Gendlin en inglés.

de las estructuras cerebrales y la química. Sus oponentes «relativistas», sostienen que la experiencia humana es solo el producto de una de las muchas culturas, historias y lenguajes que existen. Por debajo de esa variedad no hay nada más.

Mi filosofía apunta a nuevos conceptos en física y biología, para entender el cuerpo humano de manera diferente. Tu cuerpo no es una máquina, sino una maravillosa y compleja interrelación con todo a tu alrededor, por lo que «sabe» tanto solo siendo. Los animales viven intrincadamente unos con otros sin cultura ni lenguaje. Las diferentes culturas no nos crean. Ellas solo añaden elaboración. El cuerpo viviente siempre va más allá de lo que la evolución, la cultura y el lenguaje han creado ya. El cuerpo siempre está bosquejando y palpando nuevos pasos más allá. Su vivir continuo hace que una nueva evolución e historia sucedan ahora.

Tú puedes sentir tu cuerpo viviente directamente por debajo de tus pensamientos y recuerdos y por debajo de las emociones que te son familiares. Focusing sucede a un nivel más profundo que tus emociones. Debajo de ellas puedes descubrir una «turbia zona» físicamente sentida donde puedes entrar y abrirla. Esta es la fuente de la cual nuevos pasos pueden emerger. Una vez encontrada, es una palpable presencia por debajo.

Las políticas sociales todavía asumen que los seres humanos y los animales no son más que objetos científicos. Por ejemplo, la ingeniería genética está ahora creando una vaca-cerdo. Toda ella será carne magra. La empresa acaparará el mercado de los animales agrícolas, no importa que la vaca-cerdo sufra. Es parecido a cómo nos solemos tratar. Los seres humanos desaparecen en la actual clase de ciencia. Nuestra ciencia tampoco puede estudiar a quienes se dedican a la ciencia, y cómo crean los conceptos científicos.

La ciencia no es un juego. Su verdad está basada en la comprobación empírica. Tú no querrías subirte a un avión que no ha sido probado. Necesitamos que nuestras maravillosas máquinas funcionen. Pero el método básico de esta ciencia convierte todo lo que estudia en máquinas.

Esta clase de ciencia no tiene por qué ser la única. La ciencia holística de la ecología nos enseña que es posible más de una clase de ciencia. Mi filosofía añade otra clase, ¡una ciencia en primera persona que puede estudiarse a sí misma! Se centra en el cuerpo sentido desde dentro, donde nuevas cosas pueden surgir. Utilizando focusing, hemos desarrollado «Thinking At the Edge» (TAE) [Pensando desde el borde], pasos que se pueden enseñar para articular algo nuevo en el campo en el que trabajes.

Nuestra investigación en focusing es un pequeño ejemplo de esta potencialmente gran nueva ciencia. Una larga serie de estudios, desde grabaciones en cintas y test, enseñan que la terapia tiene mejores resultados cuando las personas enfocan. También se han medido muchos otros efectos de focusing, por ejemplo, el mejor funcionamiento del sistema inmune. Focusing se ha aplicado en muchos contextos, incluyendo escuelas, negocios, grupos espirituales y escritura creativa.

Cuando la gente descubre por primera vez el poder de focusing, puede pensar que es todo lo que necesita. Pero focusing añade un nivel corporal más profundo a los otros métodos y los puede mejorar. Los trasciende y debe ser combinado con cualquier otra cosa que nos pueda desarrollar como personas.

Más de 600 personas *trainers* de focusing certificadas de todo el mundo están a tu alcance desde tu teléfono durante una o varias horas. También puedes encontrar una persona «Focusing Partner» [pareja de focusing] en nuestra página web con quien dividir el tiempo y hacer turnos, generalmente también por teléfono. Focusing Partnerships no son amistades ni terapia ni familia. Focusing Partnerships es una institución social nueva. Déjenme explicar la necesidad de ello.

Actualmente las rutinas culturales y roles que utilizamos para conectarnos son insuficientes. Tenemos que innovar todo el día, encontrar nuevas maneras de ser mujer, hombre, esposa, marido, padre, maestro, ejecutiva, persona mayor, o joven. Nuestras relaciones más cercanas tienden a fracasar. «Nadie parece encajar conmigo», dice la gente. Cada persona es internamente compleja y solitaria. La moderna sociedad urbana está atomizada.

Podría parecer que solo expresar nuestros sentimientos nos ayudaría en nuestras relaciones más cercanas: bastaría con soltar todo de una vez. Pero lo que la otra persona oiga puede ser muy diferente de lo que tú querías decir, y a veces doloroso. Igualmente, a menudo reaccionamos de maneras que paralizan a la otra persona.

Los y las terapeutas pueden escuchar a sus clientes mucho más fácilmente que a sus propias amistades y personas queridas. Con las personas cercanas, toda tu vida sube o se hunde con cada pequeña cosa que oyes. Pero se puede acompañar tranquilamente a las personas en terapia a niveles profundos donde se den los pasos del cambio y la sanación. Así pueden relacionarse mucho más profundamente con sus amistades cercanas y familia. La nueva estructura de Focusing Partnership hace que esta ventaja de la terapia esté disponible para todo el mundo. Una persona Focusing Partner no cuesta nada. Te turnas. Esta nueva institución está cambiando la atomización de la sociedad.

Durante mi tiempo estoy en silencio algunos intervalos, y hablo durante otros. No digo nada que no quiera decir. Hablar desde lejos por dentro me permite oírme y vivir conectadamente en una interacción receptiva.

Las parejas no me aconsejan ni me juzgan ni comentan. Pueden reflejar algo solo para comprobar: «Creo que estás diciendo…». Solo necesitan decirme cuándo no me siguen, y así puedo expresar de otro modo lo que he dicho. Pero mi pareja prestará mucha atención queriendo captar cada pliegue de lo que quiero decir.

Una práctica regular de Focusing en Pareja (Focusing Partnership) mejora inmensamente la propia vida. No quisiera prescindir de la mía. De hecho, tengo dos. Utilizo mi tiempo para focusing o para cualquier cosa que deseo. Cuando comienza mi turno siento cuán invitante es. Es solo para mí. Puedo saber lo que quiero, o tomarme unos minutos, escaneando. Pienso: «Puedo hablar de esto… o quizás aquello… bien, quizás primero enfoco tranquilamente… Podría tener cualquiera de esas cosas».

El Instituto de Focusing (The International Focusing Institute, TIFI) proporciona unas cuantas horas de entrenamiento telefónico en focusing, en escucha, y en la experiencia de ser escuchado a la manera de focusing. De modo que puedes seleccionar una pareja de nuestra Focusing Partnership Network (Red de Parejas de Focusing) en www.focusing.org.

Con focusing sabemos que el ser humano que tenemos delante es más que cualquier método, que cualquier conjunto de creencias, propósitos, o proyectos. Limitamos todo lo que hacemos por el bien de lo que siempre es más importante: mantener a las personas en contacto, sin estorbar, con lo que sea que estén enfrentando. Ofrecer a otras personas tan solo nuestra simple presencia les permite ser y respirar. Escuchamos lo que intentan transmitir, sin añadir nada más. Esto hace que haya una máxima cercanía con una mínima imposición.

Eugene T. Gendlin
2003

Primera parte

DESBLOQUEANDO LA SABIDURÍA DE TU CUERPO

1

El acto interno

En los últimos quince años, en la Universidad de Chicago y en otros lugares, un grupo de colegas y yo hemos estado estudiando algunas cuestiones que la mayoría de psicoterapeutas no quiere preguntarse en voz alta. ¿Por qué la terapia no tiene éxito con mayor frecuencia? ¿Por qué fracasa tan a menudo a la hora de lograr una diferencia real en la vida de las personas? En los casos más puntuales en los que es exitosa, ¿qué es lo que hacen pacientes y terapeutas? ¿Qué es lo que la mayoría *no logra* hacer?

Buscando respuestas, estudiamos muchas formas de terapia, desde los abordajes más clásicos a los más recientes. Analizamos literalmente miles de sesiones terapeuta-paciente, grabadas en magnetófono. Nuestra serie de estudios nos llevó a varios hallazgos, algunos muy distintos de los que nuestro grupo y la mayoría de terapeutas profesionales esperábamos.

Primero, hallamos que pacientes con éxito –quienes muestran un cambio real y tangible en los test psicológicos y en la vida– pueden identificarse fácilmente en las sesiones de terapia grabadas. Lo que estas pocas personas hacen en sus horas de terapia es distinto a lo que hace el resto. Es tan fácil señalar la diferencia que, una vez la habíamos definido, éramos capaces de explicarla a estudiantes de universidad sin experiencia, que también fueron capaces de diferenciar a quienes tenían éxito del resto.

¿En qué consiste la diferencia crucial? Encontramos que no es la técnica terapéutica –la diferencia en los métodos de terapia sorprendentemente parecía significar muy poco–. Tampoco radica la diferencia en los temas que abordan. La diferencia está en *cómo* hablan. Y eso es solamente una señal externa de la diferencia verdadera: *lo que estas personas con éxito en la terapia hacen dentro de sí.*

El objeto de este libro es esclarecer lo que hacen y cómo lo puedes hacer tú. Porque esta habilidad no común, este acto interno, no es útil solamente en terapia, sino que es una manera de abordar cualquier problema o situación.

A lo largo de los años, hemos enseñado esta destreza a un gran número de personas que no estaban en terapia. Ahora que parece que cualquiera puede aprenderla, también quiero que este libro pueda ser leído por cualquier persona. El libro está dirigido a profesionales, pero no solo a profesionales. Es por eso que estoy escribiéndolo con sencillez, y no a la manera más técnica de mis publicaciones filosóficas y científicas.

La habilidad que hemos observado y definido no es solo para problemas. Entre quienes la conocen, se convierte en una fuente interna que es consultada muchas veces cada día. La estoy usando ahora mismo, en el proceso de escribir este libro.

La destreza que estoy a punto de enseñarte se llama *focusing*.

Te hará capaz de hallar *y cambiar* tu vida allí donde está estancada, contraída, encerrada, detenida. Y te capacitará a *ti* para cambiar, para vivir desde un lugar más profundo que solo el de tus pensamientos y sentimientos.

Uno de los hechos que más nos perturbó en aquellos estudios de investigación fue que pacientes que hacían el acto crucial en su interior podían identificarse en las dos primeras sesiones de terapia. Encontramos que podíamos predecir su éxito o fracaso desde el comienzo solo analizando las primeras entrevistas. Según un cuidadoso análisis estadístico, la probabilidad de conseguir el mismo resultado accidentalmente era menor del uno por mil.

Hoy en día sabemos cómo enseñar focusing. Este hallazgo *no* quiere decir que algunas personas no puedan aprenderlo. Pero por aquel entonces, esto fue un descubrimiento impactante. Teníamos terapeutas y pacientes que se embarcaban en un año o más de duro esfuerzo. Requería mucha necesidad humana, esperanza, devoción y dinero, y nosotros ya sabíamos que fracasarían.

El hallazgo supone que la psicoterapia, como habitualmente es practicada, no enseña a las personas cómo hacer psicoterapia. En otras palabras, estas no mejoraban con la práctica. Si, de alguna manera, no sabían desde el principio cómo aproximarse internamente en aquel modo especial, no conseguían grandes cambios, pese a lo que ellos, ellas o sus terapeutas hicieran, o cuán seriamente, o por cuánto tiempo lo hicieran.

Este hallazgo era contrario a mis predicciones, y a lo que había sido mi propia y firme convicción subjetiva. *Creía* haber *experimentado* la gradual apertura y creciente habilidad de mis pacientes para ponerse en contacto con sus sentimientos. Había estado seguro de que las personas en terapia aprenden a hacer psicoterapia por sí mismas a lo largo del tratamiento, y que la hacen más efectivamente en la segunda mitad. Había tenido muchas experiencias de comenzar con pacientes que parecían incapaces de sentirse internamente y, mediante mis propias destrezas como terapeuta, y con su esfuerzo, había llevado a una mayoría a una resolución exitosa de sus problemas.

Una razón por la que la investigación es tan importante es precisamente porque puede sorprenderte y decirte que tus convicciones subjetivas son erróneas. Si la investigación siempre encontrara lo que esperamos, no tendría mucho sentido hacer investigación.

A posteriori, me doy cuenta de que estaba pensando solo en mis pacientes con éxito y no en las muchas personas con las que había fracasado. Ahora sabemos también cómo enseñar a esas personas esta destreza crucial.

La investigación muestra clara y repetidamente que las personas *exitosas* en la terapia ciertamente mejoran en esta destreza clave, pero la investigación también muestra que, hasta cierto punto, ya la tenían desde el principio. El resto, quienes fracasaron, no la tuvieron en absoluto ni jamás la consiguieron solo mediante psicoterapia. En aquel tiempo no sabíamos cómo enseñarla.

La mayoría de terapeutas no conocen lo que es esta aproximación crucial interna, cuánto menos cómo ayudar a las personas a aprenderla. De manera que me llegué a preguntar: ¿puede ser enseñada?

Mi primera sensación, guiado por mi formación como psicoterapeuta fue decir que no, que no puede ser enseñada. Fui entrenado para creer que solo terapeutas con una gran ingenuidad intentarían decirle en palabras a la persona cómo funciona la terapia. Alguien que no lo haya experimentado no entendería las palabras. Se suponía que la psicoterapia era un arte, un misterio, no una ciencia. Algunos grupos sostienen haber desarrollado técnicas científicas exactas, pero esto es solo una declaración propagandística. La psicoterapia omnisciente y totalmente segura de sí misma solo existe en las películas. Por supuesto, cada escuela de terapia tiene sus propias ideas y técnicas, pero todas saben que tropiezan confusamente cuando sus técnicas no funcionan, lo que es más frecuente que lo contrario. Por lo tanto, ninguna persona seria que trabaje como psicoterapeuta defendería ser capaz de poner exactamente en palabras lo que hace que la terapia funcione, cómo hacer que los cambios acontezcan en el interior de la persona. Se suponía que solo la propia terapia enseñaba el cómo.

Pero la investigación había mostrado que la terapia no enseña cómo a quienes no lo *saben* ya. La investigación había mostrado también muy específicamente lo que es el acto crucial interno. ¿Era ingenuo, ahora, pensar que puede ser enseñado?

A pesar de mis dudas, me lancé a ver si podía hacer enseñable ese acto interno de suma importancia. Con la ayuda de muchas personas, gradualmente concebí indicaciones específicas para hacer lo que pacientes puntuales con éxito habían sabido, de alguna manera, cómo hacer. Probamos aquellas indicaciones en un gran número de personas, las revisamos y las probamos de nuevo muchas veces durante un período de años. Aquellas instrucciones se han vuelto ahora muy específicas y muy enseñables. La investigación realizada en varios lugares ha mostrado que las personas pueden ser enseñadas eficazmente para que lleven a cabo este acto interno (véase el apéndice).

Ya que este acto interno puede ser enseñado, y no es enseñado en terapia, no es necesario ser paciente de terapia para aprenderlo. Este hecho nos lleva a una especie de revolución. Ya no se necesita que este proceso de cambio esté a cargo de terapeutas. *Las personas pueden hacerlo por ellas mismas y unas con otras.*

Por supuesto que no son «terapeutas», «personal médico» o «autoridades» unas con otras; de hecho, el aspecto de autoridad de la medicina nunca ha encajado verdaderamente en el proceso humano de cambio personal, en absoluto. Los problemas humanos, por su misma naturaleza, son tales que cada quien está inmediatamente al cuidado de sí. Ninguna autoridad puede resolver nuestros problemas ni decirnos cómo vivir. Por lo tanto, otras personas y yo mismo hemos estado enseñando a más y más gente cómo ayudarse y cómo hacerlo entre sí.

Este libro te permitirá experimentar y reconocer cuándo tiene lugar en ti un verdadero cambio y cuándo no. Hay una clara sensación física de cambio que reconoces una vez que lo has experimentado. Lo llamamos «cambio corporal» (*body shift*). Cuando las personas lo experimentan, aunque sea una sola vez, ya no pueden seguir preguntándose en vano durante años si están o no cambiando. Ahora pueden juzgarlo por sí mismas. A menudo, cuando se enseña focusing a un nuevo grupo, algunas personas experimentan un cambio corporal, un paso hacia la resolución de un problema que han tratado en terapia durante muchos años sin cambio. Quedan impactadas. ¿Es posible que unos pocos minutos de esto puedan permitirme experimentar más cambio que el que he tenido en mi costosa psicoterapia?

La gente todavía considera una autoridad a quien ejerce de terapeuta. Aun cuando no sienten ningún cambio, piensan que «el doctor» debe saber qué está sucediendo. Si «el doctor» cree que deben seguir viniendo, lo aceptan como necesario. Piensan que algo «debe estar sucediendo». Como alguien me escribió recientemente: «Cuando confronté a mi terapeuta acerca de no estar percibiendo ningún cambio, él pensó que no había problema si tenía un amigo pagado el resto de mi vida. Nunca volví... ¡hasta que pasaron cuatro años!».

Cuando la revolución de la autoayuda tenga lugar totalmente y en general la gente aprenda y practique estos procesos de ayuda entre sí, ¿será innecesaria la psicoterapia profesional? Creo que la ayuda experta siempre será buscada. Pero tendrá que ser mejor que lo que cualquier persona pueda hacer cuando esté formada en destrezas *específicas*. La gente sabrá cómo reconocer, inequívocamente, si están siendo ayudadas o no.

Se debe probar un número de terapeutas (unas pocas sesiones cada vez, ¡no años!) con el fin de encontrar ayuda de verdad. Puedes hacer esto después de aprender la inequívoca experiencia corporal de un poco de cambio teniendo lugar.

Mi forma de afrontar la terapia, y también la de ciertos colegas míos, ha cambiado radicalmente por el conocimiento de que el acto crucial interno se puede enseñar. Cuando las personas vienen a mí en busca de ayuda, ya no las dejo hablar y hablar. Y, por supuesto, tampoco analizo –ni lo hice jamás– sus sentimientos de forma intelectual. Ni les permito gritar las mismas frases, ni dar rodeos sobre las mismas cosas una y otra vez, como ocurre en algunas de las terapias más recientes. Muchas personas pueden ponerse en contacto con lo que sienten, pero, ¿después qué? No hay duda de que tienen sensaciones que les impactan, pero las sensaciones no cambian.

Focusing es el siguiente desarrollo después de estar en contacto con sentimientos. Atañe a una manera distinta de atención interna a lo que, inicialmente, es sentido de forma *no clara*. Después llega a enfocarse y mediante los movimientos específicos internos que estoy a punto de presentar, cambia de una manera corporal.

Otro descubrimiento importante es que el proceso de realmente cambiar se siente bien. Trabajar efectivamente en los problemas propios no es una tortura. El proceso de cambio que hemos descubierto es natural al cuerpo y se siente de esa manera en el cuerpo. El movimiento crucial se mueve *por debajo* de los lugares habitualmente dolorosos hacia un percibirse corporalmente que al principio no es claro. La experiencia de algo emergiendo de ahí se siente como un alivio y algo que cobra vida.

Desde esta perspectiva, los métodos tradicionales de trabajo personal interior se ven como habiéndose centrado mayormente en el dolor. Las personas se implican en sus emociones dolorosas y las repiten una y otra vez, sin saber cómo usar la dirección y la fuerza inherentemente positivas centradas en la vida propias del cuerpo. De esa manera las personas se quedan donde están y se dañan a sí mismas una y otra vez. Uno de los más importantes principios nuevos es que el proceso de cambio *se siente bien*. Se siente algo parecido a inhalar aire fresco después de haber estado en un cuarto cerrado durante mucho tiempo. En el momento que no sea así, párate y retrocede solo un poco.

Esta habilidad crucial no es fácil de explicar. Muchas personas solo la pueden desplegar después de alguna práctica. Por otro lado, esta habilidad es muchísimo más fácil que luchar durante años con los viejos problemas, quizás concluyendo en un mejor entendimiento de los mismos, pero sin cambio; quizás contactando con sentimientos, pero siendo incapaz de hacerlos mover, cambiar, o que se resuelvan por sí mismos.

Por muy difícil que fuera para mí, al principio, aceptar el hallazgo de la investigación de que la terapia no hace el trabajo, los hallazgos de una investigación nunca pueden hacerte daño. Te hacen avanzar hacia adelante. Si la terapia, tal y como existe ahora, no hace el trabajo, entonces debemos cambiar la terapia.

El cambio más feliz de todos es que podemos crear el cambio dentro de la sociedad en general y no solo en la relación terapeuta-paciente, que cuesta tanto y a veces da tan poco. Ahora que el acto interno se puede enseñar, podemos enseñarlo no solo a quienes acuden a terapia, sino a cualquiera. Hemos hallado que puede ser enseñado en el sistema escolar, en grupos eclesiásticos, en centros cívicos, y en otros muchos contextos. Cualquier persona puede usar este proceso interno. A la gente también se le pueden enseñar maneras muy específicas de ayudarse entre sí utilizando este proceso.

Antes de comenzar a explicar este acto interno, quiero hacerte una petición seria. Deja a un lado, por un tiempo, lo que sepas acerca de psicoterapia o de procesos internos. Lo que estoy a punto de mostrarte no es el familiar «ponerse en contacto con los sentimientos». Ni es la silenciosa meditación libre de contenidos. Tanto si eres psicoterapeuta, paciente o una persona inteligente inexperta en la materia, este acto interno es probablemente bastante desconocido para ti. El material interno que se necesita para realizar el acto está en todo ser humano, pero, en la mayoría de las personas, está sin usar. Unas pocas personas parecen usarlo intuitivamente de vez en cuando, pero lo más probable es que nunca lo hayas hecho deliberadamente y nunca te hayas dado cuenta de que existe la posibilidad. Solo recientemente está siendo estudiado en la literatura profesional.

Algunas personas aprenden este camino interior bastante pronto, mientras que otras necesitan algunas semanas o meses de paciente escucha y tanteos internos.

2

Cambio

El proceso que voy a enseñarte en este libro, el acto interno, es perfectamente natural. Pero como nuestro lenguaje no contiene palabras para describirlo, he tenido que inventar las palabras necesarias.

Yo llamo al proceso *focusing*. Es un proceso en el cual tú contactas con una clase especial de conciencia corporal interna. Yo llamo a esta conciencia *felt sense*.

Generalmente un felt sense no está simplemente allí, sino que tiene que formarse. Tienes que saber cómo dejar que se forme atendiendo al interior de tu cuerpo. Cuando viene, al principio es *poco claro*, difuso. Mediante ciertos pasos puede enfocarse y también cambiar. Un felt sense es la sensación corporal de un problema o una situación particular.

Un felt sense no es una emoción. Nosotros reconocemos emociones. Sabemos cuándo sentimos enfado, tristeza o alegría. Un felt sense es algo que al principio no reconoces, es vago y turbio. Se percibe como lleno de sentido, pero desconocido. Es una sensación-corporal de significado. Cuando aprendas a enfocar, descubrirás que el cuerpo, buscando su propio camino, provee sus propias respuestas a muchos de tus problemas.

El proceso trae cambio.

No es necesario terapeuta en focusing. Por tu cuenta o con un amigo o amiga que sepa permanecer en silencio puedes conseguir resultados de focusing.

La regla más importante que terapeuta, amiga o amigo tienen que guardar, al ayudar a alguien a enfocar, es permanecer fuera del camino de quien enfoca. A la mayoría de terapeutas les gusta creer que son ellos o ellas quienes producen resultados, en lugar de un proceso interno de la persona en terapia. Las personas que ejercen de terapeutas tienen mucho que ofrecer y piensan que esto que ofrecen marcará la diferencia. Existe una fuerte tentación de analizar lo que dice la persona que acude a terapia, hacer conjeturas sobre la naturaleza del problema, sermonear o reorganizar la situación de la persona.

Pero solamente tu cuerpo conoce tus problemas y dónde están sus puntos nucleares. Si yo fuera tu terapeuta personal, resistiría la poderosa tentación de decirte cosas como si supiera más que tú acerca de tus problemas. Pero tampoco te dejaría solamente que hablaras. Te enseñaría cómo enfocar efectivamente, y te haría compañía mientras lo hicieras. También haría otras cosas que te contaré más adelante.

Ahora déjame darte algunos ejemplos de experiencias de focusing en algunas personas.

Más adelante explicaré cuidadosamente cada uno de los seis *movimientos* que componen focusing. Cuando dan resultado, hay un cambio físico en el cuerpo, un cambio sentido. Entonces el problema parece diferente. En los ejemplos que siguen, todavía no estoy enseñando los movimientos de focusing. Solo estoy ilustrando cómo son las transformaciones que vienen con cada cambio corporal.

Fíjate que la naturaleza del problema se modifica a medida que viene cada cambio corporal. Sin contactar con un nivel corporal más profundo, el cual al principio siempre es *poco claro*, la persona se quedaría bloqueada con pensamientos y sentimientos de lo que parece ser el problema al comienzo.

La joven que pensaba que la muerte sería pacífica

Fay me telefoneó a media tarde. Había estado andando por las calles de la ciudad toda la mañana, con pensamientos de suicidio. «La vida es demasiado problemática», dijo, y verdaderamente sintió los límites del agotamiento y la desesperación. «¿De qué sirve seguir adelante con ella? ¿Dónde me lleva?».

Fay había hablado anteriormente conmigo y yo sabía algo acerca de su vida. Es una mujer atractiva, de unos veintiocho años. Hacía unos pocos años había roto con un hombre de quien había estado muy enamorada –llamémoslo Ted–. No había amado a un hombre antes ni desde entonces. Desde que Ted se fue, había pasado tiempo con una sucesión de otros hombres, buscando otro Ted, pero sin encontrarlo.

«¿Qué se siente tan mal?», dije. «Date un minuto de calma y mira qué se siente tan mal».

Más rápido de lo que me hubiera gustado, pero por lo menos después de un tiempo de silencio, dijo: «No tuve mi período. Tengo miedo de estar embarazada».

La última vez que había hablado conmigo me había contado que estaba con un hombre que encontraba aburrido, conservador, insensible, que no se interesaba en ella como persona sino solo como compañera sexual. Había pasado un fin de semana con este hombre.

«¡Echo tanto de menos a Ted!», se quejó por el teléfono. «Y ahora mi período se retrasa. ¿Y si estoy embarazada? Oh, Dios, ¿qué me va a pasar?».

Pude darme cuenta de que sus agitados sentimientos se le escapaban de nuevo. Encontraba difícil mantenerse más tranquila, con su atención más profundamente dentro, como focusing requiere. Estaba obsesionada con emociones dolorosas en vez de tratar de encontrar ese lugar más profundo, el felt sense.

Le pedí que empezara con lo que yo llamo el «primer movimiento» de focusing. Este es el acto de poner los problemas a un lado temporalmente, apilándolos, dando un paso atrás y mirándolos. En cierta manera, es algo como entrar en una habitación que está tan abarrotada de muebles, cajas de mudanza y trastos que no hay dónde sentarse. Empujas algunas cosas de manera que despejas un pequeño espacio para ti en una esquina. Por supuesto, no has vaciado el cuarto. Las cosas que antes te estorbaban, los problemas, siguen todavía ahí. Pero por lo menos, ahora, hay un espacio para que tú puedas estar.

«Simplemente da un paso atrás y coge cada cosa que está mal y ponla delante de ti. Una por una. Mira qué es cada cosa que se *siente* mal».

Fay despejó su espacio. Los dos problemas principales que se encontró mirando eran que quería que Ted volviera y que temía estar embarazada.

«¿Cuál es el peor?», pregunté.

«Echar de menos a Ted es lo que más me duele», dijo, comenzando a llorar de nuevo. «La soledad, no tener a nadie a quien dirigirme… es inútil…».

Estaba comenzando otra agitada espiral emocional autodestructiva y yo le interrumpí. (De la misma manera, cuando aprendas a enfocar, aprenderás a interrumpirte). «¿Por qué no bajas allí dentro?», dije, «y miras qué es lo peor de ello. Estate simplemente callada un ratito. Acércate a la poco clara sensación corporal de todo ello».

Fay sabía qué hacer. Había enfocado con anterioridad. Si preguntas por qué, en ese caso, me necesitaba al teléfono –por qué simplemente no se sentaba y enfocaba ella sola–, la respuesta es, sencillamente, que ayuda tener a otra persona presente, aun si la otra persona solo es una voz amiga al teléfono. Esto es particularmente cierto si, como en su caso, te enredas en una trampa de emociones y parece que no puedes salir. A menudo, cuando eso pasa, todo lo que se necesita es una voz amiga que diga: «De acuerdo, sentémonos y estemos en silencio un rato…». Una persona amiga puede interrumpir una espiral emocional cuando tú te sientes impotente para interrumpirla.

Escuché el silencio en el teléfono mientras Fay se adentraba en el segundo movimiento de focusing. Estaba contactando con el sentimiento de «*todo* acerca de que Ted se ha ido». Con ella, así como con la mayoría de personas experimentadas en el enfoque, estos movimientos tienden a fluir uno en el otro y a volverse uno solo, lo mismo que una jugadora de golf experimentada o un saltador de altura realizan juntos muchos movimientos corporales separados en un solo movimiento fluido. Habiendo hallado el felt sense, percibió *la cualidad* del mismo y obtuvo un «asidero» para ello: una palabra que se ajustaba exactamente a la cualidad (tercer movimiento). Finalmente, cotejó las palabras en contraste con el sentimiento y las halló correctas.

«Se trata de ira, o algo», dijo. «No sé... Es como si estuviera enfadada. ¿Por qué estaría enfadada?».

Estaba pidiéndose a sí misma, o a mí, un análisis intelectual. No se lo ofrecí. Focusing evita el analizar. También intenté ayudarla a que no se fuera al análisis. Le dije: «Vuelve al felt sense y pregúntale, mira lo que es la ira».

Preguntar es el quinto movimiento de focusing. Le preguntó al felt sense, directamente, acerca de qué era la ira.

Oí su suspiro mientras esto sucedía. Supe que algo había cambiado por dentro. Para alguien que enfoca, un cambio es un sentimiento físico preciso de algo cambiando o moviéndose por dentro, un lugar apretado aflojándose.

Después de otro silencio, dijo: «Estoy enfadada conmigo misma. Eso es lo que es. Por acostarme con todos esos hombres que no amo, por los que no siento nada». El análisis no hubiera producido esta respuesta. En lugar de ser descubierta, tenía que venir del felt sense.

De vuelta a los movimientos de focusing, esperando otro cambio en dirección a la resolución del problema. Se produce un cambio cada vez que el felt sense cambia, aunque sea solo un poco.

Luego más silencio y otro paso: «Y parte de ello es que estoy enfadada conmigo misma por acostarme con Ralph, quizás metiéndome en un lío, un aborto, quizás. Y también me llamo mala por acostarme con un hombre que no me importa». Otra profunda respiración.

A veces un cambio parecerá clarificar lo que surgió de otro cambio previo, o lo elabora. Esto es lo que sucedió justo ahora cuando ella encontró: «Y también me llamo mala...», lo cual continuó de lo que vino antes. Pero entonces, el siguiente paso cambió las series previas. En focusing se debe tomar lo que viene. A menudo lo que sigue para el cuerpo no es lo que lógicamente seguiría. Esto sucede frecuentemente en focusing. Es impredecible y fascinante.

Fay dijo: «Hay una especie de sentimiento de desánimo pesado». Y después de un rato, este sentimiento de desánimo pesado se abrió y los detalles aparecieron. «Es sobre todos esos hombres que no me importan. No tengo sensaciones sexuales con ellos…».

Estuvo callada un rato. Le oí decirse a sí misma aquella palabra, «desanimada», como si la estuviera probando. Aparentemente no coincidía con el sentimiento, porque parecía insatisfecha con ella. Comprobó, contrastándola con el sentimiento, para ver si venía de ello una palabra más exacta. Estaba tratando de casarla con una sensación física específica.

Esta experiencia de Fay es común en focusing. Comienza un cambio, pero parece raramente, misteriosamente, incompleto. Te da el comienzo de un cambio, pero sabes (tu cuerpo sabe) que es posible un cambio más completo. Te mantienes en sintonía con tu sensación corporal y esperas a que suceda.

De repente dijo: «¡Aburrida!». El alivio en su voz fue claramente audible. El cambio completo había tenido lugar. «Eso es. Estoy aburrida. Me siento como que voy a pasar el resto de mi vida yendo de un hombre soso a otro, nunca sintiendo deseo sexual, pero nunca permitiéndome dejar de intentarlo. Puedo ver a todos esos hombres alineados delante de mí, todas esas caras blancas, filas y filas de ellos desde aquí hasta el fin de mi vida. Estoy condenada a no tener sentimientos sexuales, eso es».

Esperé a que dijera más. Evidentemente sintió que esta sesión de focusing había conseguido lo que ella necesitaba de momento, pues de repente dijo: «Me siento mejor ahora. ¡De qué peso me he librado!».

¿Librado? Para alguien que observe racionalmente, no se había librado de nada. Los problemas que habían existido cuando me telefoneó, los problemas que le habían acercado al suicidio, aún existían. ¿Qué es lo que realmente consiguió con focusing?

Ella había cambiado por dentro.

Parecía un problema de soledad. Con el primer movimiento era su ira hacia sí misma, y con el siguiente movimiento fue llamarse mala. Luego vino el pesado desánimo y, con un alivio corporal, se transformó en una convicción de que no volvería a tener sentimientos sexuales. Incluso mientras sentía esto último, aquello cambió en su cuerpo.

En ese momento no podemos saber todavía exactamente cuánto cambio ha sucedido. Serían necesarios muchos más ciclos de focusing. Pero un cambio ocurre en un movimiento corporal. Algunos cambios suceden incluso en el mero alivio corporal de sentir y tocar el problema justo en un preciso y profundo lugar.

Al principio, cuando me telefoneó, sus malas sensaciones estaban esparcidas a lo largo de todo su cuerpo. Le dolía todo el cuerpo. Pero ahora había localizado el problema y este había cambiado. El resto de su cuerpo se había liberado.

Focusing la ayudó en un momento de desesperación. En los meses siguientes continuó enfocando y cambiando por dentro. Finalmente, su vida sexual y algunos otros aspectos dolorosos de su vida se volvieron gratificantes. Para entonces había entretejido focusing en su modo de vida. Se volvió más que una herramienta terapéutica para ser usada en tiempos de crisis. Se convirtió en algo de uso diario, una parte familiar y reconfortante de su existencia cotidiana.

El hombre que se sentía inadecuado

Fred, según lo llamaré, tenía un nudo en el estómago casi constante, una tensión que nunca lo abandonaba del todo.

El nudo en el estómago era peor unos días que otros. Fue particularmente malo el día que Fred enfocó efectivamente por primera vez.

El día había comenzado de mala manera. Había tenido una discusión con su jefe.

Fred era un hombre interesante que tenía un trabajo como director de ventas en una empresa industrial. La empresa no iba tan bien como en otro tiempo. Fred creía que podía arreglarlo reorganizando el departamento comercial, y había diseñado un detallado plan para realizarlo. Esto hacía que Fred se sintiese más creativo en su trabajo. El plan requería un cambio bastante drástico en la filosofía general de ventas de la compañía, y este cambio propuesto había llevado a Fred a discutir con su jefe.

El residuo emocional de la discusión se instaló en el estómago de Fred y permaneció allí todo el día. Aquella noche después del trabajo, intentó todos aquellos abordajes que no funcionan.

Probó a sermonearse a sí mismo: «¡Contrólate! Permites que pequeñas cosas te enfaden demasiado. ¡Pasa por encima de ello! ¡Mantente sereno!».

Cuando la amonestación terminó, el estómago de Fred todavía estaba en un nudo.

Intentó revivir la discusión, dándole una y otra vuelta: «Cuando él dijo *esto*, yo debía haber dicho *aquello*». Por supuesto, esto solo incrementó la tensión emocional.

Intentó el truco de pretender que el problema no existía: «Realmente, no pasó nada en absoluto», se dijo a sí mismo. «Mi jefe sabía mis puntos de vista mucho antes que ocurriese esto y yo sabía los suyos. La discusión no cambió nada. Simplemente sacó las cosas a la luz, y esto debería hacerme sentir bien, no mal. ¡Por supuesto! ¡Me siento *bien*!».

Pero su estómago no lo creía. Todavía era un nudo.

Probó el análisis: «Es un anticuado, aferrado a las viejas maneras de hacer las cosas, temeroso de cambiar. Ese es su lío. El mío básicamente es que tengo miedo de personas con mayor autoridad…».

Su estómago tampoco se relajó después de ese abordaje. Un análisis de un problema personal puede ser cierto. Pero es diferente de ir adentro a sentir directamente cómo es.

Cuando todos los intentos de Fred para sentirse mejor fracasaron, se fue a un bar y se tomó un par de copas. Pero esto solo le hizo sentirse un poco mejor. Todavía podía sentir el mismo nudo en el estómago, solo que el dolor estaba ligeramente apagado debido al alcohol en su cuerpo.

Más tarde, aquella noche, cuando el alcohol se había ido, intentó focusing. Lo había aprendido de mí hacía pocas semanas, pero, hasta entonces, había sido incapaz de hacerlo bien. Ahora se sentó en el borde de su cama y se encontró capaz de hacerlo.

Esto fue lo que relató:

> «Me hice callar por dentro, apagué (o por lo menos disminuí) todos los sermones e intelectualizaciones y otros

ruidos que habían estado atronando en mi cráneo. Dejé que mi atención descendiera, no solo en la discusión con mi jefe, sino para conseguir una sensación de todos los miles de detalles que lo rodeaban, todas mis preocupaciones acerca de mi trabajo y mi futuro y lo que estoy haciendo con mi vida».

Esta completa, vaga sensación es lo que yo llamo un felt sense.

Después, buscó el núcleo del felt sense. Permaneció con la vaga molestia.

«Me pregunté a mí mismo: ¿qué era lo peor de ello? ¿Dónde dolía más?

Intenté agarrar la cualidad de ello. Era tan extraño que no podía hacer que me hablara. Era una sensación de algo estando fuera de sitio. Era la clase de sensación que puedes tener cuando ves un cuadro colgado torcido en la pared, o un libro puesto al revés en un estante; algo no del todo correcto.

Esperé las palabras y obtuve "fuera de sitio" y "fuera de", pero cuando las comprobé para ver si eran correctas, no lo eran –no exactamente–. Me sentí muy cerca, tuve aquella sensación de en-la-punta-de-la-lengua, la sensación que tengo viendo un programa de acertijos, y *sé* que sé la respuesta, pero no puedo sacarla.

Nunca antes había llegado tan lejos con focusing. Nunca tuve esa sensación sin conocer el felt sense del que hablas todo el rato. Esta vez supe que lo tenía.

Entonces la conseguí, conseguí mi palabra. ¡Era *inadecuado*!

Esa era mi palabra. Y pude sentir mi nudo, mi tenso lugar interno soltándose. E inmediatamente, lo supe».

No había necesitado hacer el movimiento separado de *preguntar*. El cambio corporal y la liberación vinieron con la palabra.

Inadecuado: esa era la palabra, como su cuerpo la sintió, que describía todas sus acciones en su trabajo: sus planes elaborados para reorganizar el departamento comercial, su discutir con su jefe, todo. Todo era inadecuado, debido a que ese trabajo no era lo que realmente quería hacer con su vida.

Durante mucho tiempo pensó que había superado todos sus sueños de juventud, pensó que había «crecido» y se había vuelto práctico con la madurez. Pero ahora, en ese movimiento corporal, en esa sensación de un nudo aflojándose por dentro, supo algo que venía con la palabra «inadecuado». Lo supo todo en un flujo instantáneo.

Lo que supo fue esto:

> «La razón por la que me molesté tanto con el plan de reorganización fue que yo esperaba que el plan arreglara mi vida. Y, por supuesto, eso hizo que actuara estúpidamente. Lo que mi vida necesita es demasiado grande para que ese plan lo arregle. Yo no sabía eso y ciertamente hizo de mí una persona de difícil convivencia en el trabajo. Es como si estuviera reaccionando con esta enorme intensidad emocional que no encaja con el plan. Mi intensidad era inadecuada al plan, y estaba actuando inadecuadamente en el trabajo.
>
> Por supuesto, yo sabía que quería el plan porque entonces podría sentirme creativo con mi trabajo. Pero no sabía que estaba dejando que aquel plan fuera la totalidad de mi vida, la parte de la misma que no logré vivir. No es extraño que no pudiera mantenerme en calma acerca de ello».

Fred no sabía lo que había invertido en el plan, pero su cuerpo lo supo. Y todo lo que necesitó hacer fue «preguntárselo».

Fred nunca hubiera podido descubrir esto analíticamente, en parte porque pensó que ya sabía sus propias respuestas. Si alguien le hubiera pedido que lo pensara detenidamente, él podría haber respondido que el plan le hacía sentirse como la persona creativa que quería ser. Y con esta respuesta simple, y verdadera, él habría evitado ponerse en contacto directo con la forma real del problema en su cuerpo. Así mismo, Fred no podría haber descubierto esto analíticamente porque su mente había estado ocupada con pensamientos acerca de detalles y personas en el trabajo.

Fred cuenta este relato de focusing solo en lo que concierne a aquella noche en que la tensión en su estómago se relajó. Es necesario observar, como con Fay, que Fred todavía no había resuelto totalmente su problema en términos prácticos. Pero ahora estaría desapegado en su no deseado trabajo, relajado acerca del plan de reorganización. Ciertamente, continuaría defendiendo su plan, porque era bueno, pero sería capaz de escuchar las objeciones de otras personas y se sentiría cómodo combinando sus ideas con las suyas propias.

Esto alivió inmediatamente su tensión en el trabajo. El cambio corporal había producido otros cambios también. Algo se había liberado en él en cuanto a cambiar su vida. Lo expresó así:

> «Pude ver que el trabajo nunca podría satisfacerme aun cuando mi plan o cualquier número de planes fueran aceptados, pero me sentí mejor. Debería haber estado desanimado. Ciertamente así no puedo cambiar mi vida.

No es como si no hubiera pensado antes acerca de ello, pero, de alguna manera, esta parte de mí que necesita alguna otra cosa también se relajó más. Allí mismo, había en mí una especie de apetito de vivir. Ya no necesito meterlo en una camisa de fuerza nunca más. No sé por qué, pero ahí está dentro de mí una cosa pequeña, entusiasmada, diciendo: ¡Vamos a cambiar!, y todavía no tengo idea cómo. Si fuera puramente objetivo, estaría desanimado».

Por supuesto, cambiar su vida incluyó pasos prácticos, no solo focusing. Y necesitó más focusing para encontrarse con los miedos y otros obstáculos internos, de la misma forma que necesitó pasos prácticos en el exterior. Al principio, Fred no sabía qué cambios internos y externos se le presentarían. Pero desde entonces se le ha abierto una vida nueva. Según parece, ha sido capaz de dedicarse a sus nuevos intereses sin cambiar su trabajo.

Pero eso fue el desarrollo posterior de Fred. Quizás otra persona habría cambiado de trabajo. Y otra podría haber encontrado alivio simplemente en no necesitar que el plan de reorganización funcionara exactamente como se planteó. Normalmente, focusing lleva a niveles más profundos, pero a veces están en paz y no necesitan más cambio. En el caso de Fred, una nueva dirección de vida comenzó.

Si con anterioridad se le hubiera pedido que pusiera una etiqueta descriptiva al trabajo, él lo hubiera llamado «este trabajo extremadamente importante que ata mi estómago en nudos». Ahora podría llamarlo «este trabajo que solo es una pequeña parte de mí».

El mismo trabajo. El mismo hombre, pero un hombre con una perspectiva completamente nueva de sus metas en la vida, más en concreto, de su trabajo.

La chica que tenía miedo a la universidad

Cuando vi a Evelyn por primera vez, había venido a Changes [Cambios], un grupo de personas en Chicago que da la bienvenida a cualquier persona. Practican focusing. Se escuchan unas a otras, se ayudan unas a otras de varias maneras.

Evelyn se sentía sin propósito en la vida y no tenía metas. Nada le interesaba. Tenía un empleo a tiempo parcial, pero no tenía ninguna idea de un trabajo que encajara con ella.

Se sentía sexualmente explotada, sin satisfacción sexual verdadera en tantas relaciones como había tenido. Tenía sobrepeso, una mirada apagada y triste. También era extremadamente callada.

Algunas personas de las que tengo informes de focusing, o con las que he practicado focusing, pueden parecer bastante desesperadas cuando las describo por primera vez. Pero focusing avanza hacia el *interior* de la persona. Descubre una riqueza allí. Focusing te mostrará esto en ti y en otras personas. Una vez que lo veas, ninguna parecerá desesperada. De hecho, tampoco nadie parecerá ser «un tipo» de persona por esos aspectos que solo son temporales y superficiales.

La gente que viene a Cambios me enseña esto una y otra vez. Alguien que al principio me parece una clase de persona –destruida, desesperada, indiferente, aburrida– puede más adelante volverse diferente, rica, fascinante.

Así pues, recuerdo mi primera impresión de Evelyn. Una mujer llamada Lori había estado escuchándola regularmente, tratando de enfocar, pero Evelyn era difícil de escuchar. Nunca tenía sentimiento alguno. Evelyn solo podía hablar sobre cosas externas, situaciones, otra gente. Se sentía ansiosa por no tener sensaciones dentro de sí misma.

Con anterioridad, varios terapeutas del centro educativo y de servicios sociales habían intentado ayudar a Evelyn sin producir ningún resultado notable. En efecto, sin decirlo con esas palabras, la habían dejado por imposible.

Lori no iba a abandonar a Evelyn y buscó la ayuda de otra mujer, Nancy. Entre las dos ayudaron a Evelyn a darse cuenta de que estar ansiosa por no tener sensaciones *era en sí una sensación.*

Ellas y otras personas escucharon a Evelyn y la ayudaron a enfocar con bastante regularidad durante unos meses. Con motivo de este libro, pedí a la gente de Cambios que grabaran algunas de sus sesiones; la de Evelyn fue una de ellas. Evelyn me dio permiso para reproducir una sesión de focusing en particular que produjo una gran diferencia.

Para cuando esta sesión tuvo lugar, ya existía una Evelyn diferente. Resultó, por ejemplo, que ella era lista, que podía diferenciar sus sensaciones con la precisión de una persona que piensa. Había cantidad de cosas en ella que eran lo opuesto a la mujer que parecía ser al principio. En aquella sesión clave de focusing, estaba preocupada por su educación.

«Supongo que debería ir a la universidad», dijo. «Todos me dicen que debería, y supongo que es un buen consejo. Quiero decir, ya sé que debo ir si quiero hacer un trabajo interesante. Pero, sencillamente, *no quiero*».

Una pausa, luego: «La cosa es que tendría que dejar todo lo demás, y conseguir un empleo a tiempo completo para pagarlo, y como que nunca tendría tiempo para vivir. Todo sería tenso, y…».

Se interrumpe a sí misma. Sabe que solo está hablando alrededor del problema, repitiendo las familiares razones que han estado largo tiempo en su cabeza. Es hora de callar para enfocar y esperar en silencio a ver qué viene.

Suspira, y luego hay un largo silencio. Finalmente dice: «Bien, todo eso de ganarse la vida y no tener tiempo, eso no es de lo que va, no realmente». Empieza a llorar. «Es que se necesita tanta fe, o algo, para creer que podría tomar en serio esa parte de mí, quiero decir la parte pensante, ¿sabes?, la parte del cerebro, la creativa… Quiero estar con gente que piensa, y me encanta leer y debatir y preguntarme acerca de cosas, pero tomarme esta parte pensante de mí seriamente…».

Había conseguido su primer cambio (*shift*). Algún lugar tenso dentro de ella se había desbloqueado, y su llanto es un síntoma tangible de su liberación.

Hay otra pausa y luego un segundo movimiento. Como frecuentemente ocurre en focusing, es un cambio de dirección, un añadir una nueva dimensión. Verbalmente puede contradecir a lo dicho antes.

«Bueno, no es exactamente eso; quiero decir, acerca de tomar en serio esta parte del pensar. Podría hacerlo, pero la cosa es que la escuela es lo que está *estorbando* para hacerlo. La escuela me impediría hacerlo. Es por eso que la escuela era siempre tan dolorosa para mí. Como dudo mucho que pueda tomarme en serio, necesito profesorado que me diga que mis ideas están bien, necesito personas inteligentes que me digan: "Sí, tú estás bien, puedes pensar". Pero el profesorado nunca hace eso. Nunca nadie ha querido a esta parte de mí en absoluto. Me mandaban siempre a hacer tareas y otras cosas que se les ocurrían, cosas de no pensar. Así que tenía que forzarme a mí misma dentro de mí, o algo así. Mi parte pensante tenía que mantenerse escondida porque nadie la quería. Era como que no debería sacarla fuera. Así es como se siente volver a la escuela. Es esa sensación de..., tú sabes, no dejarme a mí misma salir».

Entre cada ciclo y el siguiente hay un silencio en la grabación, en el que ella enfoca. Cuando hay un cambio en la manera en la que el cuerpo tiene el problema, entonces ella habla de nuevo. Lo que ahora cuenta acerca del problema es diferente. Está en silencio de nuevo, enfocando. Pero no trabaja solo en el problema tal y como lo acaba de expresar. En lugar de eso, enfoca en la *globalidad de la sensación* de malestar, la nueva y turbia sensación corporal de lo que todavía se siente sin resolver. De esta manera, no está aprisionada dentro de pensamientos y sensaciones del problema como lo expresó anteriormente.

Nótese que lo que parece ser el problema cambia con cada cambio corporal. Por eso no es de mucha ayuda intentar resolver el problema trabajando solo en los pensamientos y sentimientos que se tienen acerca de ello al principio.

Está llorando de nuevo.

Luego tiene otro cambio. «No es realmente lo que el profesorado piensa. Es... bueno, esa inseguridad en mí, este retenerme de salir afuera. Esa soy yo. Quiero decir, iré a la universidad con muchas expectativas, y será igual a como la escuela siempre fue, y me decepcionaré y me sentiré herida una vez más. Siempre seré la misma. Sí, esa es ahora la sensación. Es una sensación de... *eso no va a cambiar*». Suspira. Permanece en silencio por un tiempo. Entonces ocurre otro cambio.

«Ah, sí, es... no es solo eso. Esa cosa acerca de no salir fuera... no es solo la escuela. Es todo el tiempo. Me he sentido así acerca de mí casi en todo. Ha estado ahí tanto tiempo...».

Otra pausa. Está escuchando dentro de nuevo. Finalmente dice: «Sí, es como que me mantengo dentro porque... porque hay algo que *no debo ver*. Si salgo fuera, lo veré. Sí, eso es». Llora durante un rato largo. «No sé lo que es, pero hay algo que no debo ver, y si salgo fuera lo veré. No... la gente lo verá, y yo lo veré. Así que no debo ver ni oír cosa alguna. Y siempre he estado, bueno, confusa».

Llora de nuevo.

«Tengo que quedarme confusa y no ver... algo. Y no tengo que salir fuera para que la gente no lo vea».

Hay un largo silencio mientras ella enfoca el felt sense de ese algo. Durante un largo rato solo hay silencio en la cinta. Algún desconocido *algo* que ella no debe enseñar a la gente le ha hecho mantenerse encerrada dentro. Algún desconocido *algo* en ella que no está bien, algo que ella ha procurado siempre no ver, no toparse con ello. Procurando no encontrarse con ello, se ha quedado sin ver u oír nada demasiado claramente. Yo sé, aunque la cinta está en silencio, que está enfocando en el no claro felt sense de *todo ello*, el completo felt sense de «algo acerca de mí con lo que no debo toparme, que la gente no debe ver».

Luego llora de nuevo.

«¡Algo *falla* en mí! Eso es, ¡y la gente lo verá si salgo fuera!». Ha habido todavía otro cambio más.

«Eso es de lo que se trata», continúa después de un rato. «Es una antigua sensación ahí abajo de que algo falla terriblemente en mí. No sé lo que es… alguna cosa terrible. Así que tengo que tener cuidado y no salir fuera, porque entonces la gente lo verá, y yo lo veré también».

Así que *eso* era lo que su cuerpo realmente sentía acerca de ir a la universidad.

Supongamos que ella no hubiera enfocado y no hubiera tomado contacto con ese lugar en su interior. Supongamos que se hubiera sermoneado a sí misma, apretado sus dientes y forzado a ir a la universidad a pesar de todas esas dudas internas. Con su cuerpo sintiéndose así, la experiencia de la universidad hubiera sido horrible. Seguramente, hubiera seguido sintiendo una barrera en su camino, y hubiera dicho que esa era la manera en la que la escuela siempre fue. Y, por supuesto, eso era cierto, pero solo parte de una verdad más grande.

Pero ahora estaba bien. El pesado, doloroso lugar estaba localizado. El resto del cuerpo estaba liberado. Y solo porque su cuerpo se sintió diferente, ella (como Fred) era ahora capaz de dar pasos prácticos que antes hubieran sido difíciles o imposibles, y darlos de una manera nueva. El viejo felt sense no le hubiera dejado ir a la universidad y «salir fuera», como ella dijo; no le hubiera permitido sacar afuera esa «parte pensante» de una manera enérgica, alegre y confiada. Pero el viejo felt sense había cambiado. La sensación cambiada no solo le dejó ir a la universidad con esperanza y ganas, sino que le permitió interesarse en lo que estaba haciendo una vez allí. Tuvo que trabajar más duro que la mayoría de estudiantes porque el asunto del salir afuera no se había resuelto en un solo paso. Hubo períodos en los que no pudo permitirse mostrar su amor por el pensamiento. Pero cada vez más su habilidad para el pensamiento creativo salió afuera, pudo conocerla y fiarse de ella.

Esto pudo suceder solo a través de los cambios en la manera en que todo su organismo se sintió. La historia de Evelyn ilustra una importante característica de focusing: te sientes mejor, extrañamente, aun y cuando lo que emerge no suena alentador para nadie que trate de analizar la situación racionalmente.

Un efecto del proceso de focusing es traer partes escondidas de autoconocimiento al nivel de la atención consciente. Este no es el efecto más importante. El cambio corporal, el cambio en un felt sense, es el corazón del proceso. Pero el traer un conocimiento corporalmente sentido –la «transferencia» de este conocimiento desde el cuerpo a la mente– es algo que toda persona que enfoca experimenta. A menudo, este conocimiento transferido parece ser parte de un problema arduo, y pudiera esperarse que ello te hiciera sentirte peor. Después de todo, ahora sabes algo malo que no sabías antes. Lógicamente, deberías sentirte peor. Sin embargo, no es así. Te sientes mejor.

Te sientes mejor principalmente porque tu cuerpo se siente mejor, más libre, aliviado. Todo el cuerpo está vivo de una manera menos oprimida. Has localizado un problema que previamente había hecho sentirse mal a todo tu cuerpo. Un sentimiento inmediato de liberación te hace saber que hay un cambio corporal. Es el cuerpo moviéndose hacia una solución.

Hay otra razón. No importa lo aterrador o intratable que parezca un problema cuando se ve por primera vez, una persona que practica focusing se familiariza con el hecho de que el siguiente cambio corporal puede ser bastante diferente. Nada que se sienta mal es jamás el último paso.

Por ambas razones, Evelyn se sintió mejor cuando contactó con un sentimiento de que «alguna cosa terrible» siempre había fallado en ella. Para alguien que observe analíticamente, esto puede parecer una pesadilla: tropezar con la verdad que te has guardado escondida por miedo a que algún misterioso defecto saliera a la luz. Pero Evelyn se sentía mejor. Lloró, ciertamente, pero más bien de alivio, y porque la parte encerrada de ella misma estaba siendo por fin oída. El llorar es a menudo el primer movimiento de una parte propia que ha estado mucho tiempo reprimida. El cambio corporal había sido agradable cuando contactó con esa sensación. Es más, estaba segura de que más focusing movería ese lugar pesado igual que lo hizo con otros en el pasado.

Cuando estás enfocando bien, te alegras de la llegada de cualquier sentimiento. Puedes oír una sensación interna que dice: «¡Estás condenada!». Tú considerarías esto con delicadeza y compasión. Dirías: «Oh, eso es interesante. Una sensación de condena. No es extraño que me sintiera encerrada si ha habido una sensación así ahí dentro. Me alegra que haya salido. A ver de dónde ha salido *esa* sensación». Puedes tomar esta actitud porque anteriormente, muchas veces, has experienciado sensaciones como esa cambiando y solucionándose ellas mismas físicamente en muy pocos minutos.

Algunos meses después de la sesión grabada de Evelyn, en una reunión de un grupo Cambios grande, había unas ochenta personas en la sala. Paseando mi mirada por toda la sala, vi a una bella mujer con unos ojos brillantes e intensamente despiertos sentada en un lugar del centro. «¿Quién es ella?», me pregunté a mí mismo. «¿Es nueva en el grupo?». ¡Entonces me di cuenta de que era

Evelyn! Solo habían pasado unas pocas semanas desde que la había visto por última vez, pero quizás no la había mirado tan de cerca antes. Yo había sido muy consciente de su agudeza intelectual. Ella incluso me había ayudado con un escrito. ¡Pero nunca había visto esto!

Cuando las personas cambian, lo muestran físicamente. Al principio puede no ser externamente perceptible, excepto en la momentánea relajación y alivio de un cambio corporal, la mejor circulación y la respiración más profunda. Pero después de un período más largo, con varios cambios en diferentes problemas, es decididamente perceptible en la cara, el porte, en todo el cuerpo. Y puede ser un cambio asombroso.

Más tarde, Evelyn encontró la sensación de algo que fallaba en ella. Le había venido de su madre. Pudo entonces darse cuenta de la actitud básica y constante que su madre había tenido hacia ella: «Algo falla en Evelyn. No es como las demás». Evelyn descubrió esto con mucho alivio y mucho llanto, hasta que la parte oprimida dentro de ella por fin se relajó y el gran «sentirse bloqueada» cambió.

Postdata: Evelyn visitó recientemente a sus padres. Una noche su madre salió para asistir a una serie de conferencias sobre la niñez. Resultó ser una conferencia sobre niños y niñas excepcionalmente dotados. La madre de Evelyn volvió a casa entusiasmada diciendo que un conferenciante había descrito exactamente cómo era Evelyn de pequeña. Su madre sintió que, por fin, había descubierto lo que siempre había sido tan extraño en Evelyn.

El hombre que no podía trabajar

«Estoy teniendo un montón de problemas para terminar este libro que estoy escribiendo», dijo George. «Es porque tengo que hacerlo. Si no tuviera que hacerlo, podría terminarlo. Pero así, me siento y me quedo como bloqueado, como desconectado. Parece que no puedo despertar mi mente. Todo lo que hago es sentarme y mirar fijamente por la ventana. No soy capaz de escribir de verdad. Si tengo una idea, me siento y me digo a mí mismo: "Bien, George, es genial que tengas aquí una idea", y luego tengo ganas de irme y leer una novela de misterio».

Yo dije: «Esa sensación corporal de "bloqueado", "desconectado", ¿cuál es su cualidad? Enfócala».

Él estuvo en silencio como un minuto, sentado, los ojos cerrados. Empezó a decir algo y luego paró: «Es una sensación de: no». Evidentemente tenía una sensación y estaba tratando de dejar que vinieran palabras de ella. Las palabras venían, pero cuando las comprobaba con la sensación, no eran exactamente las palabras correctas. No hacían que nada cambiara.

De repente, la tuvo: «¡Desprecio!». Repitió la palabra, probándola de nuevo y siendo de su agrado. «Es como si este libro no fuera el mundo real, está solo en mi cabeza».

George es un profesor universitario. Tiene una reputación de trabajar más duro con el alumnado que la mayoría del profesorado.

Continuó: «Esta sensación de desprecio, bueno, es como si todo lo que hago sentado en mi despacho fueran estupideces. Está en mi cabeza, en mi espacio privado, en vez de fuera, en el mundo. Eso es lo que lo hace estúpido.

El trabajo intelectual no está fuera, en el mundo, donde las cosas suceden. Todo está dentro, como que no está realmente sucediendo en absoluto. No es real o importante. Lo que es importante es lo que hago en el mundo. Eso es real: dar clases, ver a estudiantes, cuidar de mi familia... Ah, he tenido esto durante años, de vez en cuando. El trabajo intelectual es nada».

Repetí la esencia de lo que había dicho. «Entonces, está ahí en-tu-cabeza, y eso es despreciable» dije, «y está ahí, en-el-mundo, y eso es real, eso es cuidar las cosas».

«Sí. No. Bueno –ummm–».

Así es como es focusing. La naturaleza del problema cambia con cada cambio. Contactas con una sensación y dices: «¡Sí, eso es todo!». Luego sientes algo por debajo de ello o detrás de ello o a lo largo de ello y dices: «Bueno, no, eso no es exactamente, después de todo». El problema, cuando terminas, no es igual a como pensaste que era cuando empezaste. El *felt sense* del problema cambia.

George se sentó silenciosamente durante un rato, enfocando. Luego dijo: «Hay algo más ahí. Es loco, paradójico. Este estar en el mundo, cuidando de cosas, enseñando, ganándome un sueldo, eso no es lo principal para mí. Siempre me las arreglo para quitarme del medio y volver a escribir mi libro. No tiene sentido, ¿verdad? Escribir es despreciable porque todo está en mi cabeza, pero, con todo, es lo principal, la cosa que más quiero hacer».

«¿Cuál es la completa y vaga sensación corporal cuando dices "esta cosa es la que más quiero hacer"?».

«Se siente como que tengo que hacer este escrito. Ello domina mi vida. Sería horrible si no lo hiciera, a pesar de tener este sentimiento de desprecio hacia ello».

Yo dije: «Está bien, vuelve a ello y di: "De acuerdo, sí, sería horrible no hacer este escrito". Luego pregunta: qué es toda esa sensación de "horrible"».

George a menudo pasa de largo sin dejar que se forme un completo felt sense. Ahí es donde normalmente lo ayudo. Él sabe que es importante aceptar cada sensación que viene, no discutir con ella, no retarla con demandas perentorias para que se explique a sí misma. Uno no replica a la sensación como un padre o una madre enfadada exigiendo que la sensación se justifique a sí misma. Tú no dices: «¿Qué *quieres decir* con eso de que tal y tal cosa sería horrible? ¡Eso no tiene sentido! Sencillamente ¿por qué sería horrible?». En cambio, te acercas a la sensación aceptándola.

George acepta sus sensaciones, pero eso no es suficiente. El mero hecho de estar en contacto con las sensaciones propias a menudo no trae cambio, solo la misma sensación una y otra vez. Uno debe dejar que se forme un vago felt sense más grande y más ancho.

George había dicho «sería horrible». Nosotros no sabíamos todavía qué había dentro de y en relación a este «horrible». Para averiguar y permitir que cambiase, la total y vaga sensación corporal de todo lo que va con «horrible» tenía que formarse para él.

George enfocó el felt sense y su cualidad. Luego dijo: «Sería horrible no escribir porque si no hiciera mi libro sería un fracasado, un parásito; pues, no, no es eso exactamente...». Se detuvo para dejar que viniera la palabra correcta, y finalmente lo hizo: «Un *playboy*».

«Un *playboy*. Ahora pregunta qué es eso».

«Ah...». George se sentó en silencio durante un largo rato. «Sí», dijo por fin, «sí, este es un camino muy malvado, esto me lleva hacia abajo. ¡Guau! Se siente... se siente como que es *inmoral* no hacer este trabajo serio, escribir». George dio un gran suspiro. «Es sexual», dijo. «Así es como se siente. No tener que esforzarme en escribir: eso es sexual. Como masturbarse todo el rato, o... Espera, no, es más como ser un chaval mirando a personas adultas hacer el amor. Sí, así es como sería. Sería como si los adultos me dijeran que solo tengo que sentarme allí y mirar».

«¿Y eso estaría bien?».

«¡Claro! ¡Eso estaría bien!». El felt sense de George de la situación parecía haberle dado permiso para parar de escribir. Pero luego ese permiso fue retirado. «Espera un momento», dijo. «No sé si finalmente eso estaría bien. Estaría... a ver..., ah, se siente tanto bien como mal».

«Sepáralo. Mira a ver si puedes tener un felt sense de lo que estaría mal acerca de ello».

«Bueno», dijo después de un rato, «hay una sensación de vacío. Como que si parara de escribir me enfrentaría a un gran vacío. No tendría nada que hacer más que leer historias de misterio. Quiero decir, si no me sintiera obligado a hacer este escrito, podría hacer lo que quisiera, pero no encontraría nada que hacer».

George tenía una «palabra asidero». Si realmente se liberara de escribir, tendría un «gran vacío». Debido a que este espacio vacío es tan aterrador, las personas que encuentran uno dentro de sí, vuelven al trabajo y a otras actividades con las que llenan el tiempo y que no les gustan. Como Fred, el hombre con el nudo en su estómago, pueden esforzarse tanto para evitar el vacío que puede llevarlos a enfermar físicamente.

Focusing te permite acercarte a un vacío así con ecuanimidad, como cualquier otra cosa. Porque un vacío es también una sensación. En vez de retirarte de él con temor, vas directamente a ello y averiguas qué hay allí.

Animé a George a hacer justo eso. «Estate con la sensación corporal de ese vacío. ¿Cuál es su cualidad?», pregunté.

George se sentó en silencio, sintiendo alrededor el vacío. Luego dijo: «Se siente como que hay cosas que quiero hacer, pero… *no me está permitido* verlas. Como cuando era un niño, mi padre tenía ciertos libros en la estantería superior de una librería, y no me estaba permitido mirarlos».

Paró de nuevo. Yo no lo empujé. Él preguntó al interior de esta sensación de «no permitido». Después de un rato respiró profundo y exhaló ruidosamente, y yo sabía que algo más había cambiado en su interior. «Sí», dijo. «Sí, por supuesto. Soy un adulto ahora, ¿no? Puedo mirar cualquier cosa que quiera mirar. Claro, yo… Espera un minuto… Me vienen cosas. Claro. Una cosa que haría si no tuviera que trabajar en este libro: saldría a correr. He estado queriendo salir a correr, pero en cuanto tengo ganas, tengo que ir y sentarme en mi despacho. Sí, y…». Se paró brevemente mientras algo más venía. «Y ¡escribiría un libro acerca del control de natalidad! He estado queriendo hacerlo durante mucho tiempo. Hay un punto acerca del control de natalidad que nadie ha abordado anteriormente, un punto realmente crucial. ¡Me gustaría escribir ese libro! Este libro en el que estoy bloqueado ahora no es acerca de nada que me haga ilusión. Apuesto a que si me permito a mí mismo escribir lo que quiera puedo terminarlo también.

Este libro sobre el control de la natalidad, ah, ¡eso sería algo grande!».

Paró durante un largo rato. Entonces:

> «¡Guau!, sí, ahora el terminar este libro está bien también. Sí, se siente bien. La cuestión no era terminar el libro, no era *tener que* terminarlo. Debajo de la sensación de tener-que-pero-no-poder estaba toda mi energía vital, toda ella encerrada. Eso era lo que me imaginaba, muy bien, pero no podía cambiarla. Parece como que mi vida entera estaba debajo de ella. Permitiéndome tener impulsos prohibidos, sí, ahora lo veo. Ser libre para parar, es como ser libre para seguir impulsos, y eso es como ser libre para hacer lo que quiera, que es escribir. Pero libre para escribir por mi impulso directo y mi energía. Bueno, lo sabía todo el rato. Pero ahora lo entiendo».

Ahora George estaba analizando, creando, en efecto, una racionalización intelectual para explicar lo que su cuerpo había ya resuelto. El análisis no era necesario. Pero a las personas intelectuales les gusta entender las cosas y, si se hace *retrospectivamente*, está bien. Lo que era importante es que su cuerpo dio sus propios pasos primero. Antes de estos pasos, su análisis no era efectivo.

3

Lo que el cuerpo sabe

Las historias narradas en el capítulo anterior ilustran los dos descubrimientos principales sobre los que se basa este libro:

Primero, que hay una especie de conciencia corporal que influye profundamente en nuestras vidas y que nos puede ayudar a alcanzar metas personales. Se ha prestado tan poca atención a este modo de conciencia que no hay palabras en el vocabulario para describirla, de modo que he tenido que acuñar mi propio término: *felt sense*.

Segundo, que un felt sense cambiará si te acercas a él de la forma adecuada. Cambiará incluso al mismo tiempo que estás estableciendo contacto con él. Cuando el felt sense de una situación cambia, *tú cambias* y, por lo tanto, también cambia tu vida.

Estudiemos más detalladamente estas dos proposiciones.

Primero quiero estar seguro de que entiendes lo que es un felt sense.

Un felt sense no es una experiencia mental sino física. *Física*. Una conciencia corporal de una situación, persona o suceso. Un aura interna que incluye todo lo que sientes y sabes acerca de una determinada cuestión en un momento dado, lo incluye y te lo comunica todo de una vez, más que detalle a detalle. Si quieres, piensa en ello como un sabor, o un gran acorde musical que hace que sientas un poderoso impacto, una gran y completa sensación poco clara.

Un felt sense no te viene en forma de pensamientos o palabras u otras unidades sueltas, sino como una sola (aunque a menudo desconcertante y muy compleja) sensación corporal.

Puesto que un felt sense no se comunica a sí mismo en palabras, no es fácil describirlo en palabras. Es un nivel de conciencia profundo y poco familiar, que las personas que trabajan como psicoterapeutas (junto con casi todo el mundo), por lo general, no han encontrado.

Permíteme ilustrarlo. Piensa en dos personas que desempeñen un papel importante en tu vida. Cualesquiera dos personas. Las llamaremos John y Helen en esta exposición, pero sustituye estos nombres por los tuyos propios.

Deja que tu mente vaya y venga de una a otra. Date cuenta del aura interna que parece que surge cuando dejas que tu atención resida en John, la sensación de «todo acerca de John». Fíjate en el aura enteramente diferente de Helen.

El aura interna cuando piensas en cada persona no está hecha de pedazos discretos de datos que tú juntas conscientemente en tu mente. Pensando en Helen, tú no te esfuerzas por enumerar todas sus características físicas y personales una por una. Tú no piensas: «Oh sí, Helen: mide 1,75 m, tiene cabellos rubios y ojos castaños, habla con voz chillona, se enfada fácilmente, necesita perder peso…». Ni tampoco haces una lista de cada detalle de tu relación con ella.

Sin duda hay millones de datos que describen a Helen tal y como tú la conoces, pero esos millones de datos no te son transmitidos uno por uno como pensamientos. En lugar de esto, te son dados todos a la vez como *sentidos corporalmente*. La sensación de «todo acerca de Helen» –incluyendo cada uno de esos miles de pedacitos de datos que tú has visto, sentido, vivido y almacenado durante años– te vienen todos a la vez, como una sola gran aura sentida en tu cuerpo.

La sensación de «todo acerca de John» te viene dada de la misma manera. Es un gran archivo de datos: el aspecto físico de John, cómo habla, cómo os conocisteis, lo que necesitas de él, lo que dijo ayer y lo que le respondiste. La cantidad de información es aplastante; con todo, de alguna manera, cuando piensas en John, todos los hechos y sentimientos relevantes te vienen juntos de una vez.

¿Dónde están almacenados todos esos miles de ítems de información? No están en tu mente, sino en tu cuerpo. El cuerpo es un ordenador biológico[1], generando esas enormes colecciones de datos y entregándotelos instantáneamente cuando los llamas o cuando son llamados por algún suceso externo. Tu pensamiento no tiene la capacidad de contener todos esos detalles y de transmitírtelos con tal rapidez. Te llevaría todos los años de vida que te quedan hacer una lista de todos los detalles que conoces acerca de Helen y tus relaciones con ella. Sin embargo, tu cuerpo te transmite «todo acerca de Helen» en una gran,

---

[1] Ward Halstead, mi colega en la Universidad de Chicago, dedicó una vida entera de trabajo a la «inteligencia biológica». Creó muchos test para medir maneras corporales de discriminar diferentes cosas: tiempo, ritmos, disposiciones espaciales, impresiones interpersonales, caras. Cuando leyó mi libro sobre el felt sense le aplicó su término «ordenador biológico». El cuerpo lleva a cabo el equivalente de cientos de miles de operaciones cognitivas en un único segundo.

rica y compleja experiencia de reconocimiento, un completo felt sense.

Para ilustrar aún más este punto, piensa en tus propias reacciones cuando hablas con Helen, y luego cuando hablas con John. Tú cambias por dentro, ¿correcto? Puedes *sentir* la diferencia dentro de ti. Si estás hablando en privado con Helen y luego inesperadamente John entra en la habitación, puedes sentir cómo te vuelves diferente. Tu felt sense de John está también aquí ahora, al igual que tu felt sense de Helen.

Estos cambios internos no son ocasionados por el pensamiento. Tú no piensas: «Oh, sí, esta es Helen: con ella tengo que comportarme de tal y tal forma». Hay poco pensamiento involucrado. Pregúntate: «¿Por qué estoy de *esta* forma con Helen y de *esa* forma con John?». Las respuestas no están en tu mente. Solo las conoce tu cuerpo.

Date cuenta de que un felt sense no es una emoción. Contiene elementos emocionales, junto con datos de la realidad. Pero es más grande que cualquier emoción, más complejo, y mucho menos fácil de describir en palabras.

Por ejemplo, tu felt sense de Helen probablemente incluye un gran número de emociones que tú has sentido en distintas ocasiones cuando estabas con ella. Quizás alguna de esas emociones es dominante en tu relación en este mismo momento. Supongamos que la emoción dominante ahora mismo sea ira. Ella y tú reñisteis amargamente la pasada noche, y ahora la primera palabra que te viene a la mente cuando piensas en ella es «ira». Sin embargo, esa emoción no es el felt sense, no es «todo acerca de Helen».

Una emoción, con frecuencia, es sentida nítida y claramente y, a menudo, viene con una etiqueta en la mano con la que la puedes describir: «ira», «miedo», «amor», etc. Un felt sense, siendo más grande y más complejo, es casi siempre poco claro, por lo menos hasta que lo enfoques, y casi nunca viene con una etiqueta fácil.

Para ilustrarlo, supongamos que hay alguna dificultad en tu relación con John. Si te piden que describas esa dificultad, puedes decir: «Siento tensión cuando estoy con él. Cuando estoy con Helen, siento como si mi yo "natural" estuviera vivo y libre, pero cuando estoy con John no siento comodidad, siento tensión».

Esta tensión surge en algún lugar en «todo acerca de John». La gente que no conoce focusing probablemente solo será consciente de la tensión, una y otra vez. Nunca consultan su felt sense de «todo acerca de John», o quizás algo menos ampliamente, «todo acerca de esta extraña sensación que tengo con John». La palabra «tensión» puede ser la mejor descripción de la sensación en una sola palabra, pero «tensión» es solo la punta del iceberg. «Tensión» puede ser la emoción dominante en un momento dado, pero debajo de ella y detrás de ella se sitúa algo grande y vago.

Puedes sentir ese algo enorme y vago con tu cuerpo, pero no lo puedes tocar con tu mente, tu mente protesta: «¡No quiero estar sin palabras cada vez que estoy con John! Quiero sentir relajación, estar brillante, natural. ¿Por qué no puedo? ¿Por qué?». Pero no hay respuestas en tu mente. Si tu mente supiera las respuestas o tuviera el control de la situación, presumiblemente podrías superar la dificultad mediante procesos racionales y un esfuerzo de voluntad. Podrías pensar en tu manera de dar solución al problema. Pero esto es manifiestamente imposible. No importa cómo proteste tu mente, no importa cuánto te esfuerces pensando, sientes la misma tensión dentro de ti cada vez que estás con John. Esta tensión es generada por tu cuerpo reaccionando a la presencia de John. La reacción prescinde de tu mente pensante casi por completo. Pero cuando dejas que el felt sense se forme, entonces puedes trabajar con más de lo que puedes entender. Si atiendes al felt sense a través de ciertos pasos que te mostraré, este cambiará.

Eso es precisamente de lo que trata este libro. Es necesario acercarse a los felt senses desde un camino completamente distinto, ese camino a través del cuerpo que yo llamo focusing. Acercándonos a ellos de esa manera, podemos permitir que un felt sense se forme y cambie.

Mucho de lo que se ha hecho pasar por guía emocional y psicoterapia en nuestro pasado ha sido en vano. Las personas que trabajan como terapeutas han intentado hacernos analizar nuestras sensaciones racionalmente, o «confrontarlas» una y otra vez.

Miremos de nuevo la hipotética dificultad en tus relaciones con John y miremos algunos de los modos más comunes de aproximarnos a tal problema (todas las formas de acercamiento más o menos comunes son, por desgracia, inútiles).

Quitar importancia al problema. Tratas de convencerte de que el problema no existe o que es demasiado trivial como para preocuparte por él. «No importa», te dices internamente. «No es nada. No debería dejar que esas pequeñas cosas tan tontas me molestaran».

¿Cambia esto algo? No. La siguiente vez que me encuentre con John, el «trivial» problema será exactamente tan grande como siempre fue.

Analizar. «Tiene que ser que John me recuerda a mi padre», concluyes solemnemente. «Siempre me sentí intimidado por mi padre. Él estaba tan seguro de sí mismo. Como John. Cierto, cierto, eso debe ser…».

El análisis puede ser o no ser correcto. Pero no provoca ningún cambio en la sensación. Puedes analizar intensamente todo el tiempo que estás con John, pero si esa sensación está ahí en tu tripa con sus inexplicables molestias y tensiones, la relación no será más fácil de lo que fue la última vez.

Despreciar la sensación. «Apretaré los dientes, la miraré de frente y lidiaré con ella», te dirás a ti mismo esperanzadamente. «La ignoraré. ¡No *permitiré* que me fastidie!».

Pero esto no ayuda, ¿verdad? Si algo te fastidia, seguirá fastidiándote hasta que ocurra algún cambio fundamental.

Sermonearte. «Vamos a ver», te dices seriamente, «ya es hora de que te comportes y te dejes de tonterías. Se supone que eres una persona adulta ¿no?, pues ¡compórtate como tal!, no hay ningún motivo en el mundo para que John te haga sentir incomodidad…».

No. Tampoco funciona.

Ahogarte en la sensación. Te sumerges en la sensación esperando que, ahora, solo sintiéndola de nuevo, cambiará. «Sí, ese fue un mal momento, cuando empezó a hablar de mi vida sexual. Me quedé allí sentado como una momia. Pues sí que *soy* idiota… ¡Vaya! ¡Eso es espantoso! Me siento como un insecto aplastado…». Siempre que te hundes en esa inalterada sensación, te hace sentirte tan mal como la última vez.

Estas formas de afrontar el problema no funcionan porque no tocan el lugar de donde surge la molestia. Existe en el cuerpo. Es física. Si quieres que cambie tienes que usar un proceso que sea también físico. Ese proceso se llama focusing.

La segunda parte de este libro está toda ella dedicada al trabajo de enseñarte cómo enfocar. No empezaré a hacerlo ahora. Por ahora, solo quiero terminar describiendo las características de un felt sense.

La característica más fascinante de todas es el hecho de que un felt sense, cuando haces focusing, tiene el poder de cambiar.

Tú puedes realmente sentir el cambio sucediendo en tu cuerpo. Es una bien definida sensación física de algo moviéndose o cambiando. Es invariablemente una sensación agradable: una sensación de algo que se desbloquea o se desaprieta.

Puedo describírtela mejor empezando con una experiencia humana familiar: la rara sensación de saber que se te ha olvidado algo, pero no sabes lo que es. Indudablemente eso te ha sucedido más de una vez. Estás a punto de coger un vuelo, digamos, para visitar a tu familia o a personas amigas. Embarcas en el avión con un pequeño, insistente pensamiento molestándote: has olvidado algo. El avión despega. Miras por la ventanilla, repasando varias cosas en tu mente, buscando esa escurridiza pequeña parte de conocimiento. ¿Qué olvidé? ¿Qué *era*?

Sientes molestia por el *felt sense* de alguna situación no resuelta, algo dejado sin hacer, algo dejado atrás. Date cuenta que tú no tienes datos reales. Tú tienes un aura interna, un sabor interno. *Tu cuerpo lo sabe, pero tú no*.

Quizás tratas de argumentar para quitártelo, o tratas de aplastarlo intelectualmente, o situarte por encima de ello –el método de quitarle importancia–. Te dices: no, no voy a dejar que esto me moleste y eche a perder mi viaje.

Por supuesto, eso no funciona. La sensación está todavía ahí.

Suspiras y hurgas de nuevo en tu mente. Hallas una posibilidad. «¡La fiesta de Helen! ¡Olvidé decir a Helen que no podía ir a su fiesta!».

Esta idea no satisface a la sensación. Es totalmente cierto que olvidaste decir a Helen que te perderías su fiesta, pero tu cuerpo sabe que no es esto lo que te ha estado molestando toda la mañana. Todavía no sabes lo que olvidaste y aún sientes esa molestia sin palabras. Tu cuerpo sabe que has olvidado algo más, y sabe qué es ese algo. Así es como notas que no es la fiesta de Helen.

En algunos momentos, el felt sense de lo que es se hace tan vago que casi desaparece, pero en otros momentos viene tan fuerte que sientes que casi lo sabes. Luego, de repente, desde ese felt sense, emerge a la superficie: ¡las fotos! ¡Olvidé empaquetar las fotos que iba a enseñar a Charlie!

Has dado con ello, y el acto de dar con ello te proporciona una sensación de alivio físico repentino. En algún lugar de tu cuerpo, algo se libera, alguna cosa tensa se va. Lo sientes por todo tu ser: ¡qué alivio!

Se siente bien. Puedes sentirte mal acerca de las fotos, pero el paso se siente bien. Esta es una de las características clave de un cambio en un felt sense: siempre trae ese alivio y algunas veces una sensación de liberación corporal muy bella. Se siente como exhalar después de haber aguantado tu respiración. Puedes sentir la tensión drenando hacia fuera de tu cuerpo.

No hay palabras en el lenguaje para describir el felt sense y sus cambios físicos. Por lo tanto, tengo que dar un nombre a esa sensación de desbloquearse por dentro. Lo llamo cambio corporal.

No todo el mundo siente el cambio ocurriendo específicamente en el estómago. Puede parecer que sucede por todo el cuerpo, o como un aflojarse en el pecho, o puede ser el relajarse de una garganta tensa. Yo lo llamo cambio corporal principalmente para indicar que no sucede en la mente. Siempre es, de alguna manera, una sensación física. Con frecuencia, lo puedes ver y oír cuando sucede en otra persona. Puede haber un largo y sonoro suspiro de alivio, un repentino aflojarse de alguna tensa mueca facial, una rápida, confortable relajación en la postura.

Así es como ocurre un cambio en un felt sense. El ejemplo que he usado –olvidar algo en un viaje– es trivial, por supuesto. Pero indudablemente hay problemas en tu vida que no consideras triviales. Lugares bloqueados dentro de ti que echan a perder partes de tu vida, modos en los que te sientes en una trampa, en los que sientes indefensión. En todos estos casos, exactamente igual que con aquellas fotos olvidadas, tu cuerpo sabe mucho más de lo que tú conoces, mucho más de lo que tú puedes posiblemente descifrar.

Nadie puede entender, intelectualmente, todos los detalles de un problema personal. Ningún terapeuta, ninguna terapeuta puede. Tú no puedes, ni para otra persona ni para ti. Los detalles están en tu cuerpo. La manera de encontrarlos es a través de focusing.

Cuando lo haces, como hemos visto, ocurre un cambio físicamente sentido. ¿Por qué ocurre?, ¿de dónde viene esa extraña sensación de alivio?

Viene de dos fuentes:

Primero, el conocimiento que antes estaba escondido ahora está disponible para tu mente consciente. Puedes ser capaz de usarlo en algún plan de acción racional para solucionar el problema. Esto puede llevarte ciertamente a una sensación de alivio: «¡Sí, por supuesto! ¡*Ahí* es donde está el impedimento! ... ¡*Esa* es la dirección que necesito seguir!».

La segunda fuente de esa «desapretada» sensación es más importante. Aunque no puedas hacer un uso directo e inmediato del conocimiento antes escondido, el cambio corporal hace que todo tu cuerpo se sienta diferente.

Considera aquellas fotos de nuevo. El hecho antes oscuro –«he olvidado las fotos»– no era la clase de hecho que puedes utilizar inmediatamente en un plan de acción racional. El hecho te vino a bordo de un avión. No había nada que pudieras *hacer* con ello. A pesar de esto, el felt sense de tu viaje había cambiado. *Tú* habías cambiado.

De la misma manera ocurre con problemas personales más importantes.

Tú puedes *sentir* el cambio ocurriendo dentro de ti.

Segunda parte

FOCUSING

4

El manual de focusing

Ha llegado tu momento de aprender focusing.

El acto interno de focusing puede dividirse en seis subactos o movimientos principales. A medida que adquieras más práctica no necesitarás pensar en ellos como partes separadas del proceso. Pensar en ellos como movimientos separados hace que el proceso parezca más mecánico de lo que es. He subdividido de esta manera el proceso porque con los años he aprendido, experimentándolo, que esta es una manera efectiva de enseñar focusing a la gente que nunca lo ha intentado anteriormente.

Considera este capítulo solo como el manual básico. A medida que el libro progrese ampliaremos estas instrucciones básicas, las aclararemos, nos aproximaremos a ellas desde otros ángulos. Al final –quizás no la primera vez que lo pruebes– tendrás la experiencia de algo que cambia por dentro.

Comenzaré dándote las instrucciones de focusing de manera breve, al estilo de un manual. En el próximo capítulo pasaremos por los seis movimientos de manera más detallada, parándonos para explicarlos y elaborarlos.

Manual de focusing

1. Despejar un espacio. Lo que te pediré que hagas será silencioso, solo para ti. Tómate un momento solo para relajarte... Bien, ahora dentro de ti quisiera que prestaras atención internamente a tu cuerpo, quizás a tu zona del estómago o pecho. Ahora mira qué es lo que viene cuando preguntas: «¿Cómo va mi vida? ¿Qué es lo más importante para mí ahora mismo?». Presta atención dentro de tu cuerpo. Deja que las respuestas vengan lentamente desde este sentir interno. Cuando algún asunto venga, *no te adentres en ello*. Da un paso atrás y di: «Sí, eso está ahí. Puedo sentir eso ahí». Deja que haya un pequeño espacio entre tú y ello. Entonces pregunta qué más sientes. Espera de nuevo y siente. Generalmente hay varias cosas.

2. Felt sense. De entre lo que vino, selecciona un problema personal para enfocarlo. *No te adentres en ello*. Da un paso atrás, distánciate un poco de ello.

Por supuesto, hay muchas partes en esa cosa sobre la que estás pensando, demasiadas para pensar en cada una de ellas separadamente. Pero las puedes *sentir* todas ellas juntas. Presta atención ahí donde habitualmente sientes las cosas, y ahí puedes conseguir una sensación de cómo se siente *todo el problema*. Permítete sentir la poco clara sensación de *todo eso*.

3. Asidero. ¿Cuál es la cualidad de ese borroso felt sense? Deja que una palabra, una frase, o una imagen vengan del mismo felt sense. Podría ser una palabra-cualidad como «apretado», «pegajoso», «asustadizo», «bloqueado», «pesado», «nervioso», o una frase, o una imagen. Mantente con la cualidad del felt sense hasta que algo se ajuste a ella perfectamente.

4. Resonar. Vete y vuelve, una y otra vez, del felt sense a la palabra (frase o imagen). Comprueba cómo resuenan el uno con el otro. Mira si hay una pequeña señal corporal que te permita saber si encajan. Para hacerlo tienes que tener ahí de nuevo al felt sense, lo mismo que la palabra. Deja que el felt sense cambie, si es que lo hace, y lo mismo la palabra o imagen, hasta que sientas que capturan perfectamente la cualidad del felt sense.

5. Preguntar. Ahora pregunta, ¿qué es eso, acerca de la globalidad del problema, que genera esta cualidad (la que has nombrado o imaginado)?

Cerciórate de que la cualidad es sentida de nuevo, de manera fresca, vívida (no solo recordada de antes). Cuando se presente de nuevo, tócala, estate con ella, preguntando: «¿Qué es lo que hace la globalidad del problema tan _____?». O pregunta: «¿Qué hay en *esta* sensación?».

Si recibes una respuesta rápida, sin un cambio en el felt sense, simplemente deja pasar esa clase de respuesta. Vuelve tu atención a tu cuerpo y de una manera fresca encuentra de nuevo el felt sense. Entonces pregunta de nuevo.

Estate con el felt sense hasta que algo venga acompañado de un cambio, un ligero «soltar» o alivio.

6. Recibir. Recibe de una manera amistosa todo lo que haya venido con un cambio. Permanece con ello un rato, aunque solo sea un ligero alivio. Sea lo que sea que venga, eso es solo un cambio; habrá otros. Probablemente continuarás después de un rato, pero quédate aquí por unos instantes.

Si en algún momento durante estas instrucciones has pasado un rato siendo consciente y tocando una borrosa holística sensación corporal de este problema, entonces has enfocado. No importa si vino o no un cambio corporal. Viene por sí mismo. Nosotros no controlamos eso.

La historia de un «problema trivial»

Veamos los movimientos de focusing en acción.

La mujer que informó de esta experiencia tiene cerca de treinta años. La llamaré Peggy. Ella y su marido –lo llamaremos John– viven en las afueras de la ciudad. Él trabaja en un banco donde tiene una posibilidad real de llegar a ser un ejecutivo. Peggy trabaja a tiempo parcial como profesora en un instituto de secundaria. La situación de tiempo parcial es necesaria porque tiene que cuidar de su hijo de cinco años.

Una tarde, John volvió a casa exultante. El presidente del banco le había dicho de manera muy franca que el banco tenía algunos planes de expansión y que él, John, era considerado un elemento clave en esos planes. En su entusiasmo, mientras contaba esto a Peggy, John tiró un plato de la mesa de la cocina y se rompió. Era su mejor porcelana china. Peggy se enfureció, corrió escaleras arriba llorando y rehusó hacer la cena.

Estaba sorprendida y perturbada por su propio estallido. Montar escenas no era algo habitual en ella.

Se sentó a solas en su habitación intentando arreglar algo dentro de sí misma, utilizando todos esos modos que todos utilizamos y que rara vez funcionan. Primero trató de minimizar el problema como «trivial», como esperando que pudiera dejar de existir. «Así que rompió un plato caro», se dijo a sí misma enfadada. «¿Soy tan tonta que puedo enfadarme por *eso*? El maldito plato no tiene toda esa importancia en mi vida. De todas formas, es reemplazable ...».

Eso no funcionó. La sensación de perturbación rehusó extinguirse al razonarla. Seguidamente, Peggy trató de analizarlo. «Bueno, he estado bajo un montón de presión estos días pasados», se dijo a sí misma. «Dejé que el trabajo del instituto se me amontonara, tuve que estar hasta tarde corrigiendo todos esos trabajos. No he dormido bastante... Seguro, eso debe ser. No es extraño que esté nerviosa».

No hubo resultados. Lo que Peggy se dijo a sí misma puede haber sido verdad, pero nada cambió por dentro. La sensación de enfado e irritación permaneció dentro, donde estaba.

Finalmente decidió intentar focusing. Lo había practicado durante algunos años y era muy buena en ello –en cierto sentido, lo dominaba con soltura, como uno puede dominar un lenguaje que conoce–. No pasó por los seis movimientos uno por uno, como un principiante debe hacer, sino que fue fluidamente a través de ellos en un único movimiento continuo. Sin embargo, al recrear su experiencia aquí, señalaré los distintos movimientos de manera que puedas ver cómo fue de un sitio a otro.

Preparación. Comenzó poniéndose tan cómoda como le fue posible, apartando todas las molestias físicas innecesarias que pudieran haber enmascarado lo que su cuerpo quería decirle. Se lavó la cara porque sentía calor y picor después de llorar. Se quitó los zapatos, apoyó una almohada contra el cabecero de la cama, y se recostó contra él.

Primer movimiento: crear un espacio. Amontonó todos sus problemas a un lado, como haciendo un espacio para sí misma en un cuarto de almacén abarrotado. «¿Por qué no me siento del todo bien ahora mismo? Bueno, ahí está ese gran montón de trabajos de clase con las esquinas dobladas que todavía tengo que terminar. Y ahí está ese problema de Jeff mandado a casa desde el parvulario. Y por supuesto ahí está esta horrible cosa nueva del plato roto…».

Empujó todos esos problemas a cierta distancia de ella. Sabía que no podía hacer que desaparecieran. Pero también sabía, al ser una practicante de focusing, que podía darse a sí misma un rato tranquilo alejada de ellos.

Segundo movimiento: el felt sense. Ahora dejó que su atención fuera al problema que, en ese momento, parecía ser el peor: la tempestuosa escena alrededor del plato roto. Evitó deliberadamente tratar de *decidir* algo acerca de ello, intentar analizarlo, descifrarlo. Simplemente tanteó en torno al felt sense del mismo.

Preguntó: ¿Cómo se siente *todo eso*? Y entonces dejó que la poco clara sensación viniera a ella a su propia manera: grande, vaga, sin forma al principio, faltando palabras para describirla, sin etiquetas o marcas identificatorias de ningún tipo.

No estaba impaciente con esta falta de forma. No pidió que se identificara a sí misma. Ni tampoco trató de forzar una identificación sobre ella: «Oh sí, por supuesto, esta extraña sensación debe ser…». Simplemente dejó que existiera en su propia manera por un espacio de tiempo apreciable, quizás medio minuto.

Tercer movimiento: encontrar un asidero. Ahora, muy suavemente, preguntó cuál era la cualidad del felt sense. Trató de dejar que el felt sense se nombrara a sí mismo, o viniera una imagen que se ajustara a ello.

De nuevo evitó el análisis, evitó sermonearse, evitó suposiciones y deducciones. Quería que la respuesta saliera a flote desde la propia sensación, no desde el confuso lío de material en su mente.

En el tercer movimiento, una palabra, frase o imagen –si encaja exactamente– provee un «asidero» al felt sense. Entonces, frecuentemente se puede sentir un primer cambio, la primera unidad de movimiento interno (a veces solo un atisbo de movimiento) que dice que *esto es correcto.*

Como frecuentemente ocurre aquí, recorrió los movimientos de focusing casi simultáneamente. Consiguió una palabra (tercer movimiento), la comprobó (cuarto), y preguntó al felt sense lo que era (quinto).

Empleando más palabras que las que ella empleó, yo lo diría así. Ella había preguntado: «¿Qué es lo peor de esto?». La sensación volvió: «Ira hacia John». Una pregunta más: «¿Respecto al plato roto?». La respuesta sin palabras: «No. El plato tiene poco que ver con ello. La ira es sobre su aire exultante, la manera que él irradiaba confianza sobre su futuro».

De este modo el problema cambió. El cambio interno era inequívoco.

Ella recibió esto completamente y lo percibió una y otra vez, sintiendo el cambio aconteciendo en su cuerpo. Cuando su cuerpo había terminado de cambiar, continuó.

Un cambio como este puede venir en cualquier momento de focusing. Tú lo recibes y continúas otra vuelta de focusing.

De nuevo tuvo el felt sense, ahora la forma cambiada de la globalidad del problema estaba en su cuerpo en este momento. «Su exaltación… ¿qué es ahora la *completa* sensación de eso?».

Esperó. No trató de forzar palabras sobre el felt sense. Estaba sentada pacientemente y dejó que el felt sense hablara por sí mismo (de nuevo, un segundo movimiento).

Trató de sentir su cualidad, la borrosa molestia de la cosa completa, y conseguir el «asidero» de esa cualidad (de nuevo un tercer movimiento).

Vino una palabra: «Celosa».

Cuarto movimiento: resonar. Tomó la palabra «celosa» y la comprobó en contraste con el felt sense. «Celosa, ¿es esa la palabra correcta? ¿Es eso lo que esta sensación es?». El felt sense y la palabra aparentemente encajaban bien, pero no perfectamente. El felt sense parecía decir: «Esto no es exactamente celos. Hay celos en alguna parte, pero…».

Intentó «algo celosa» y tuvo un pequeño movimiento y la respiración que le hacía saber que era suficientemente correcto como asidero del felt sense. Probó de nuevo y… sí.

Quinto movimiento: preguntar. Ahora preguntó al mismo felt sense: «¿Qué es este “algo celosa”? ¿Qué hay en todo este problema que genera este “algo celosa”?».

Dejó que la pregunta llegara al borroso felt sense, y se movió ligeramente. «¿Qué es *eso*?», preguntó, casi sin palabras.

Y entonces, abruptamente, el cambio vino. «Algo celosa… ummm… es más como… un sentimiento de *ser dejada atrás*».

«¡Ah!». Ese «¡ah!» vino con una sensación grande y satisfactoria de movimiento. El cuerpo de Peggy le estaba diciendo que estaba infeliz acerca del hecho de que su propia carrera estaba detenida.

Sexto movimiento: recibir. Tratando de permanecer con el alivio de este cambio, tuvo que protegerlo de voces que pronto la atacaron. «No deberías sentirte así». «Tienes suerte de tener ese puesto en la enseñanza». Y, además, «¿cómo vas a poner tu carrera en movimiento?». «Tú sabes que no hay nada que puedas hacer acerca de ello».

Peggy empujó todas esas voces a un lado. «Todo eso tiene que esperar», dijo. Y volvió a sentir la nueva apertura. «Siendo dejada atrás… ¿puedo todavía sentir eso?... Oh, sí. Ahí está de nuevo, sí… eso es… así *es* como me siento».

Hacer otra ronda

Pero esta cualidad –el sentimiento de estar siendo dejada atrás– era solo la punta del iceberg. Peggy quería ver si ello le podría conducir a más cambio y movimiento.

Y volvió de nuevo a través del ciclo de los movimientos de focusing. «¿Qué *es* este sentimiento de dejada atrás? ¿Qué hay realmente en ello para mí? ¿Qué es lo peor de ello?».

Esta sesión de focusing duró tal vez unos veinte minutos. Cuando terminó, Peggy se sintió enormemente renovada. La forma de su problema había cambiado, y de esta manera *ella* había cambiado. Luego ella y John hablaron tranquilamente acerca de sus vidas y de sus futuros.

El plato roto estaba olvidado. Aquella única sesión de focusing no había hecho desaparecer el problema de Peggy –carrera-frente a-maternidad–, pero habían comenzado una serie de cambios beneficiosos dentro de ella. Posteriores sesiones le revelaron más acerca de ella misma y la ayudaron a moverse de donde estaba bloqueada.

5

Los seis movimientos de focusing y su significado

Ahora recorreremos los movimientos más despacio. Después de que hayas leído este capítulo, intenta enfocar en un problema personal y mira si funciona para ti. Mantén el libro abierto en el «Manual de focusing» (capítulo 4) y pasa sin prisa por los seis movimientos, prestando especial atención a la manera en que se siente tu cuerpo en cada fase del proceso. Si no sientes cambio ni movimiento, sigue adelante a otros capítulos del libro e inténtalo de nuevo más tarde. Al final te encontrarás llevando a cabo el acto interno de focusing y cuanto más frecuentemente lo hagas, más fácil y natural te parecerá (más adelante, usa la «forma corta» que está al final del libro).

Preparación

Busca un momento y un lugar para sentarte silenciosamente durante un rato. Si quieres que una persona amiga te acompañe, está bien y puede realmente ayudar. Pero esa persona debe contentarse simplemente con escuchar silenciosamente, no debe esperar que hables si no sientes ganas y no tiene que ofrecer análisis o valoraciones si eliges decir lo que está dentro de ti. Un silencio total está bien, y también está bien que use palabras como «Sí, ya oigo... entiendo». Pero en esta fase inicial, no debe decir nada más.

Es buena idea sentarse en un lugar que no sea del todo familiar. Es decir, no trates de enfocar mientras estás en tu mesa de trabajo ni mientras te sientas en tu sillón favorito. Siéntate en otra silla o en el borde de tu cama. O, si prefieres, sal y pasea o apóyate contra un árbol.

Trata de encontrar una sensación general de comodidad física, si no de total bienestar. (Eso, con suerte, vendrá más tarde). Si sientes invadido o invadida por pequeñas molestas físicas, oscurecerán otras cosas que tu cuerpo está intentando decirte. Si tienes frío, ponte un jersey. Si te pica el pie, quítate los zapatos y ráscate. Relájate y descansa mentalmente.

Primer movimiento. Despejar un espacio

Pregúntate: ¿cómo me siento? ¿Por qué no me siento maravillosamente ahora mismo? ¿Qué es lo que me está molestando en este preciso día?

Permanece en silencio. Escucha. Deja que venga lo que fuere. En un determinado día cualquiera, probablemente encontrarás que quizás media docena de problemas te mantienen en tensión por dentro. Algunos pueden ser grandes problemas de la vida con los que has luchado muchas veces antes. Todo el mundo lleva consigo alguna lista así de un año para otro, y en un día determinado uno o dos de tales áreas problemáticas parecerán ser más predominantes. No trates de poner en la lista todos los problemas que recuerdes, sino solo los que te mantienen en tensión ahora.

Junto con los grandes problemas personales, probablemente encuentres también que algunos relativamente triviales están perturbando tu tranquilidad en un momento dado.

Deja que todos esos problemas salgan: todo lo que te está impidiendo sentirte absolutamente feliz ahora mismo. *No te enganches a ningún problema.* Solo haz mentalmente la lista de los problemas, los grandes y los pequeños, los importantes y los triviales juntos. Apílalos delante de ti, retírate hacia atrás y contémplalos a distancia.

Mantente alegremente aparte de ellos tanto como puedas. «Bueno, excepto por todo esto, estoy bien», puedes decir ahora. Puede ser una lista terrible, pero eso *es* todo. «Está ese asunto sobre George y Joanne. Y allí está ese tema de soledad –sí, lo conozco bien, es algo antiguo–. Y ahí está esa pequeña cosa graciosa que le dije a Chris ayer».

¿Sientes algún pequeño aumento de bienestar dentro de ti? Sigue apilando problemas hasta que oigas algo que diga: «Sí, excepto por todo eso, yo estoy bien».

Segundo movimiento. El felt sense del problema

Pregunta qué problema se siente el peor ahora mismo. Pregunta cuál es el que hace más daño, se siente el más pesado, el más grande, el más agudo, el más espinoso o pegajoso: el que se siente *mal* en la forma en que tú y tu cuerpo defináis «mal». O, simplemente, escoge un problema.

Ahora, no te adentres en el problema como habitualmente lo harías. Retírate hacia atrás y date cuenta cómo te hace sentir en tu cuerpo cuando piensas en ello como un todo solo por un momento. Pregunta: «¿cómo se siente todo este problema?». Pero no contestes con palabras. Siente *todo* el problema, la sensación de *todo eso*.

En este segundo movimiento probablemente comenzarás a encontrar un montón de interferencias en tu mente: autosermoneo, teorías analíticas, clichés, chillidos y parloteo. De alguna manera tienes que bajar todo ese ruido para dar con el felt sense que está debajo.

En parte, es cuestión de conseguir callarte, para variar, y escuchar, y sentir. Puedes obtener buenos resultados siendo paciente. Supongamos que el problema que estás tratando de enfocar, tiene que ver con el deterioro de una relación que una vez fue buena. Mientras tratas de sentir el aura interna completa del problema, puede comenzar el autosermoneo: «Aquí voy de nuevo arruinando otra buena relación. ¿Qué pasa conmigo? No importa lo buena que sea, siempre encontraré alguna manera estúpida de hacerla mala».

Cuando toda esa clase de ruido comience, apágalo con tolerancia y suavidad. Di: «Sí, sí, ya sé todo eso. Escucharé en otro momento, si quieres. Dejémoslo a un lado por ahora».

Sé igualmente firme y cortés si te encuentras tratando de analizar el problema o tratando de decidir dónde está el principal impulsor de ello. «Bueno, es obvio qué es lo que ha ido mal», te oirás decirte. «Básicamente siento miedo de otras personas, y así, para encubrirlo monto un gran espectáculo. Como la otra noche cuando...». Apágalo. Di: «Seguro, puedes tener razón acerca de eso. Pero ahora mismo no estamos intentando descifrarlo. A lo que estamos tratando de llegar es a *¿cómo se siente todo este asunto?*».

Estás tratando de descender a una sola sensación que abarca «*todo eso* acerca de mi relación con…» o «*todo eso* acerca de dejar mi empleo». La sensación contiene muchos detalles, igual que una pieza musical contiene muchas notas. Una sinfonía puede durar una hora o más y contiene miles de tonos musicales separados tocados por muy diversos instrumentos, en una multitud de combinaciones o progresiones. Pero no necesitas conocer todos esos detalles de su estructura para sentirla. Si es una sinfonía que conoces bien, solo mencionando su nombre sientes instantáneamente su aura. *Esa* sinfonía: la sensación de ella te viene entera, sin detalles.

Estás tratando de contactar con el felt sense de un problema de la misma manera. Deja que tu sentir se profundice internamente, pasando de largo por todos los detalles que pueden distraerte y desviarte. Deja todo el parloteo y el disparatar, *hasta que sientas la única gran aura que capta la globalidad de ello.*

No, no es fácil –no al principio–. En parte es saber a qué prestar atención y qué ignorar. Es cuestión de saber cómo preparar tu mente para que sea receptiva a ciertas cosas que están sucediendo dentro y no a otras.

Al buscar el felt sense de un problema, estás tratando que tu mente haga esencialmente lo que hace cuando invoca la sensación en tu percepción de una persona. Puede que seas consciente de ciertos detalles, pero no te enganches a ellos. Tu atención está principalmente en esa única sensación, la sensación de *todo eso*.

Una vez que tienes la sensación de todo el problema, permanece con ella un rato. No intentes decidir qué es importante en ella. No intentes decidir nada. Solo déjala ser, y que sea sentida.

El felt sense es la holística, borrosa, sensación de toda la cosa. Es algo que la mayoría de la gente pasaría por alto, porque es turbia, borrosa, vaga. Cuando por primera vez estés con ella puedes pensar: «Oh, *¿eso*? ¿Quieres que permanezca con *eso*?, pero eso es solo ¡una incómoda nada!». Sí, así es como tu cuerpo siente este problema, y al principio es bastante borroso.

Tercer movimiento. Encontrar un asidero

¿Cuál es la cualidad del felt sense? Busca una palabra-cualidad, como «pegajoso», «pesado», «nervioso», «indefenso», «apretado», «cargado», o alguna palabra así. O una frase corta que pueda encajar: «como dentro de una caja», «tener que lograr». Una combinación de palabras puede encajar mejor, por ejemplo, «miedo-tenso» o «nervioso-inquieto». O una imagen que pudiera surgir que lo captara mejor; por ejemplo: «una pesada bola plomiza».

No estás pidiendo análisis. Lo que buscas es el corazón del felt sense. Quieres el meollo de *todo eso*, la especial cualidad que viene de ello.

Esta cualidad puede ser una sensación de haber actuado inapropiadamente, por ejemplo, o una sensación de indefensión. O puede ser una sensación de algo oprimido, asustado, tenso, o inquieto, o puede que no haya palabras para ello.

Una vez más, evita forzar las palabras. Déjalas venir con su propia esencia. O prueba una palabra suavemente.

En este tercer movimiento, puede ser que empieces a sentir que tu problema cambia. Puede empezar a sentirse diferente de lo que esperabas antes de que comenzaras a enfocar: diferente de cualquier cosa que puedas haber imaginado por medios racionales. La diferencia puede ser pequeña y sutil y, tal vez, misteriosa en un principio.

Esto es lo que estás buscando: algo que viene junto a un cambio corporal. Descarta todo lo demás.

Cuando una palabra o imagen se ajusta, la llamamos un «asidero». A medida que dices las palabras (o imaginas la imagen), el completo felt sense se mueve ligeramente y se relaja un poco. Esto es una señal, como si dijera: «Esto es correcto», justo como si recordaras algo que olvidaste. La sensación de lo que habías olvidado guía tu recuerdo. Sabes que algunas ideas perfectamente sensatas no son parte de la sensación, y las sueltas, hasta que llegas a algo, donde la sensación misma se abre.

Su búsqueda es como el antiguo juego infantil del escondite. Alguien que conoce dónde está escondido el objeto de búsqueda dice «frío, más frío, helado», cuando te mueves en la dirección equivocada, y «caliente, más caliente, cada vez más caliente», cuando te mueves en la dirección correcta.

En esta ocasión no es otra persona sino tu propio felt sense el que dice «frío, frío, frío» (sin que cambie nada), y luego dice «ah... más calentito... ¡caliente! ¡caliente!» (liberándose, o cambiando solo ligeramente la manera en cómo tu cuerpo lo siente).

Deja que las palabras o imágenes provengan de la sensación. Permite que se etiquete a sí misma: «asustada», o «un sitio rígido dentro de mí», o «una sensación pesada aquí».

Generalmente, el encontrar el verdadero «asidero» te proporciona un pequeño cambio corporal, lo justo para caer en la cuenta de que el asidero es correcto. Tendrás que estar a la escucha de este pequeño cambio, para que no se te escape. Tu atención tiene que estar en tu cuerpo, para darte cuenta si esta palabra, frase o imagen provoca ese pequeño alivio ahí dentro que dice: «Es correcto, encaja».

Cuarto movimiento. Hacer resonar juntos el asidero y el felt sense

Toma la palabra o imagen que has conseguido en el tercer movimiento y compruébala con el felt sense. Asegúrate de que encajan perfectamente: un ajuste perfecto. Pregunta (pero no contestes): «¿Es eso correcto?».

Debería ser una respuesta sentida, algún respirar profundo dentro, algún alivio sentido de nuevo, haciéndote saber que las palabras son correctas.

A veces, esta sensación de confirmación –esta sensación de *perfectamente bien*– no llega. Entonces trata de sentir con mayor exactitud. Espera de nuevo y permite que vengan de la sensación palabras más exactas.

Para resonar, tienes que experienciar el felt sense de nuevo. Tienes que tocarlo de nuevo como una sensación. Mucha gente mantiene bastante bien un felt sense hasta que consiguen las primeras palabras para ello. Luego, de alguna manera, la sensación desaparece y solo tienen las palabras. Si esto sucede, es evidente que no puedes comprobar las palabras contrastándolas directamente con la sensación. Tienes que dejar que el felt sense vuelva; no necesariamente la misma sensación tal y como era, sino el felt sense tal y como es ahora (quizás algo cambiado). Te dices las palabras *suavemente* una y otra vez, con la intención de tratar de sentir directamente acerca de lo que trataban las palabras. De ordinario, después de diez o veinte segundos, la sensación –tal y como es– vuelve.

Está bien si, por su propia cuenta, la sensación cambia también, mientras llevas a cabo este procedimiento de emparejamiento. Deja que ambas partes –la sensación y las palabras– hagan lo que fuere hasta que encajen perfectamente.

Cuando consigas un perfecto encaje, siendo las palabras perfectas para la sensación, permítete sentir eso por un minuto. Puedes sentir el impulso de decir algo como «Sí... oh sí... eso es correcto», y solo permitir que *sea.*

Es importante pasar este minuto. La sensación de ajuste no es un simple comprobar el asidero. Es tu cuerpo cambiando en este momento. Mientras esté todavía cambiando, liberándose, procesando, moviéndose, déjalo hacer. Dale el minuto o dos que necesita para conseguir todo el alivio y el cambio que quiera tener en este momento. No te des prisa. Acabas de llegar.

Quinto movimiento. Preguntar

Si un gran cambio, una apertura, y un alivio corporal han venido ya durante los primeros movimientos, vete directo al sexto movimiento, a recibir lo que ha venido junto con el cambio.

Por ejemplo, puede que ya hayas conseguido ese tipo de cambio en el problema, cuando te sentaste tranquilamente con el felt sense, sintiendo su núcleo y su cualidad.

O puede ser que haya venido junto con una palabra o imagen asidero. Puede ser que haya venido mientras resonabas el asidero con el felt sense.

Pero más habitualmente un asidero bien ajustado te da una pequeñísima parte de cambio, justo lo suficiente para saber que es correcto. Sientes su encaje varias veces (resonando), hasta que se ha producido todo el efecto corporal que este encaje puede producir. Ahora necesitas un cambio, y todavía no ha habido uno –por lo menos no del tipo que cambia el problema–.

Ahora viene el quinto movimiento, preguntar.

En este movimiento preguntas al felt sense, directamente, qué es. Habitualmente esto consiste en *pasar algún tiempo* (un minuto o así, que parece muy largo) permaneciendo con el borroso felt sense, o volviendo a él una y otra vez. El asidero ayuda a hacer esto.

Usas el asidero para ayudarte a hacer el felt sense *vívidamente* presente una y otra vez. No es suficiente recordar cómo lo sentiste solo hace unos momentos. Es necesario que esté aquí mismo, de otra manera no le puedes preguntar. Si se te escapa, ofrécete el asidero y pregunta: «¿Está esto todavía aquí?». Después de unos pocos segundos ahí está de nuevo (como anteriormente, o ligeramente cambiado).

Ahora puedes preguntar*le* qué es.

Por ejemplo, si tu asidero era «nervioso», di «nervioso» para ti hasta que el felt sense vuelva vívidamente, entonces pregúntale: «¿Qué es lo que, en todo este problema, se siente tan nervioso?».

Si oyes un montón de respuestas rápidas en tu cabeza solo déjalas pasar y pregunta de nuevo. Lo que viene rápidamente es vieja información de tu mente. Al principio, la pregunta al felt sense pudiera no llegar hasta él, pero la segunda o tercera vez que preguntes, lo hará. El mismo felt sense se moverá, en respuesta, y de este movimiento surgirá una respuesta.

Puedes notar la diferencia entre las respuestas meramente mentales y las que proceden del felt sense. Las respuestas mentales vienen muy rápido, y son como trenes rápidos de pensamiento. La mente entra rápido y no deja espacio para que puedas ponerte en contacto directamente con el felt sense. Puedes dejar pasar todo eso y luego reconectar con el felt sense, usando de nuevo el asidero. Cuando vuelva el felt sense, *le* preguntas.

Uno de los procedimientos más importantes en focusing es este hacer «preguntas abiertas». Haces una pregunta, pero luego, deliberadamente, te frenas para tratar de no contestarla a través de cualquier proceso de pensamiento consciente.

Ordinariamente, la gente piensa que sabe las respuestas a tales preguntas, o decide lo que la respuesta debería ser. Se hacen preguntas cerradas; en efecto, preguntas retóricas que responden inmediatamente. No hagas eso a tu felt sense. Preguntar al felt sense es muy parecido a preguntar a otra persona. Tú haces la pregunta, y *después esperas*.

Hay una diferencia clara entre forzar palabras o imágenes *dentro de* una sensación y dejarlas que *salgan de* ella. Cuando las fuerzas dentro de ella, efectivamente la asfixias y le impides que muestre su verdadera naturaleza. Tú le dices: «Oh, ya sé lo que eres. No tiene sentido malgastar el tiempo contigo».

Las palabras e imágenes que *salen de* la sensación, por el contrario, son de la clase que provocan una fresca diferencia sentida. Son de la clase que te hace decir: «¡Eh, eh!, sí, ¡*eso* es de lo que se trata!». Estas son las palabras e imágenes que producen un cambio corporal.

El cambio corporal es misterioso en sus efectos. Siempre sienta bien, aun cuando lo que haya salido a la luz no haga que el problema se vea mejor desde un punto de vista racional.

Si el felt sense no cambia y no contesta, no importa. Pasa un minuto o así con ello. No controlamos cuando va a venir un cambio corporal (eso es «gracia»). Lo que es crucial es el tiempo que pasas sintiéndolo (volviendo una y otra vez a ello). Si pasas tiempo sintiendo algo borroso que está ahí mismo, significativo, acerca de este problema, y no sabes todavía lo que es, entonces estás enfocando.

A veces ayuda el hacer una de las dos preguntas siguientes; intenta primero una, y luego la otra. Con ambas necesitas asegurarte de que la pregunta llega al felt sense. Al principio, habitualmente, tu mente contestará. Solo repite la pregunta hasta que el felt sense se mueva.

1. «¿Qué es lo peor de esto?» (O, «¿Qué es lo "más nervioso" de todo esto?», si tu palabra asidero era «nervioso»).
2. «¿Qué necesita el felt sense?» (O, «¿Qué haría falta para que esto se sintiera bien?»).

Si has contactado el felt sense en las preguntas ordinarias, y luego has preguntado también estas dos preguntas sucesivamente, y has pasado un minuto o así sintiendo el borroso felt sense cada vez, puede ser bueno que pares de enfocar por un momento.

Focusing no es trabajo. Es un tiempo amistoso dentro de tu cuerpo. Acércate al problema, de una manera fresca, más tarde o mañana.

Sexto movimiento. Recibir

Sea lo que sea que venga en focusing dale la bienvenida. Toma la actitud de alegrarte de que tu cuerpo te haya hablado, *sea lo que fuere* que te dijo. Esto es solo un cambio, no es la última palabra. Si estás disponible para recibir este mensaje de manera amistosa, habrá otro. Si vas a dar este paso de cambio, que es el siguiente ahora, habrá más cambio, lo que sea que venga después.

No necesitas creer, estar de acuerdo con, o hacer lo que el felt sense dice ahora mismo. Solo necesitas recibirlo. Pronto experienciarás profundamente que una vez recibido lo que viene con un cambio, vendrá otro cambio. Lo que entonces diga el cuerpo será bastante diferente. Primero permite que ahora te diga lo que tiene que decirte.

Por ejemplo, con un cambio puede que des con algo que necesitas hacer, a saber, una necesidad que viene de un lugar profundo dentro de ti. Pero la primera forma en que aparece puede ser bastante imposible para ti. Pudiera parecer que demanda que dejes a tu cónyuge, tus hijos, el trabajo, y además pudiera requerir demasiado dinero. Es muy importante que protejas esta primera forma en la cual tu dirección-de-vida puede ser percibida, aun cuando no encuentre ahora estas cuestiones razonables. Tu cuerpo está cambiando, tu dirección-de-vida está emergiendo, esto es solo un paso. Deja que las preguntas esperen. No vas a salir de estampida a hacer alguna locura.

Mantén esa nueva sensación de lo que sería la dirección adecuada y no te preocupes ahora de la forma que finalmente adoptará.

Permite incluso que el más pequeño cambio tenga su minuto pleno o algo así. «De acuerdo, ahora al menos sé dónde está la dificultad», puede que te encuentres, con un alivio momentáneo. Porque las preguntas críticas lo quieren liquidar muy rápidamente. «Sí, pero ¿de qué sirve si no consigo cambiarlo?». «¿Es esto real? Quizás estoy engañándome». «¿Y si no consigo otro cambio después de esto?». Protege, pues, al cambio que vino, de todas estas voces negativas. Puede que tengan razón, pero tienen que esperar. No les permitas que vuelquen una carga de cemento en este nuevo brote verde que acaba de salir.

Queda suficiente tiempo por delante para averiguar con certeza si este paso es real. De momento concédele un espacio en el que pueda respirar. Déjalo desarrollarse. Siéntelo. Estate con él.

Si decides parar, siente que puedes dejar este lugar y volver a él en otro momento. Es muy parecido a un *lugar*, un lugar en tu paisaje interior. Una vez que sepas dónde está y cómo encontrarlo, puedes dejarlo y volver mañana.

Nada que venga en focusing te abrumará si tienes la actitud de recibirlo. Le das la bienvenida a todo lo que viene con un cambio corporal, pero te mantienes a cierta distancia de ello. No estás *en* ello sino *junto a* ello. Este espacio, junto al que puedes estar, se forma en pocos momentos, a medida que tu cuerpo se relaja. «No puedo resolver todo esto en un día», te dices. «Sé que está ahí. Puedo encontrarlo de nuevo. Puedo dejarlo por un momento». Ni huyes de ello ni te metes en ello. Te permites respirar. Puedes sentir el espacio entre ello y tú. Tú estás aquí, ello está ahí. Tú lo *tienes*, no lo *eres*.

O puedes imaginar una puerta entre tú y ello, si lo deseas. Tienes tu mano en el picaporte y puedes abrirlo un poco cuando quieras.

¿Quieres hacer otra ronda de focusing?

Siente si tu cuerpo quiere parar de enfocar o quiere continuar. ¿Dice: «¡Espera! Acabo de llegar aquí, déjame estar aquí durante un día o así. Esto se siente nuevo»? ¿O dice: «No nos paremos aquí, esto todavía no es un sitio nuevo. ¡No quiero ser dejado aquí!»? Imagínate que sigues adelante y trata de sentir su reacción, después imagínate que te detienes y trata de sentir su reacción.

Si te detienes, entonces primero tómate un minuto para asegurar que puedes volver justo al paso que acabas de dar sobre tu problema. Generalmente no es suficiente con recordar el resultado. Se recuerda después, pero entonces pudiera faltarle la realidad directamente experienciada que tiene ahora. Ayuda recordar qué fue lo que vino justo antes del último cambio. Por ejemplo, suponte que tuviste una imagen «asidero» de una bola de lana envuelta apretadamente, y al preguntar qué hizo eso, vino un buen cambio que movió tu problema un paso hacia la solución. Recordarías no solo ese paso mismo, sino lo que precedió inmediatamente al cambio. Más adelante, eso ayuda cuando recuerdas el paso, para conseguirlo de nuevo con plena realidad corporal. Desde la imagen precedente volverá plenamente de nuevo. Ayuda el encontrar esto antes de parar.

Para otra ronda de focusing, podrías sentir la globalidad del problema de una manera fresca, y preguntar a tu cuerpo: «¿Está todo solucionado?». La molestia de lo que no está todavía solucionado vendrá indudablemente *en tu cuerpo*, si esperas allí. Te quedarías con este entero felt sense y pasarías por los movimientos 2 a 6 como antes.

O podrías continuar desde tu último cambio, desde lo que vino con él, metiéndote debajo de *eso*. «¿Qué es ahora la completa sensación de *eso*?».

De manera tan comprensiva, amable y tolerante como estuviste en aquel silencioso minuto, ahora también quieres *más* cambio. Con amabilidad y comprensión, apreciando esta sensación, preparaste la base para ese cambio adicional. Para entrar en más cambio, comienza de nuevo con el segundo movimiento: conseguir el felt sense que está *debajo* o más allá de cualquier mensaje corporal que acabas de recibir.

Supón, por ejemplo, que en la última ronda lo que emergió fue que sentiste «indefensión», y experimentaste un cambio en torno a ello: «Oh, ¡eso es lo que he estado sintiendo, y tengo tantos nervios por sentir eso, que va a llegar a un punto de inflexión, y me siento realmente indefenso!».

Ahora, para seguir otra ronda, pregúntate: «¿Qué es ese entero felt sense, *todo eso* acerca de indefensión?».

Pregunta, y no contestes. Deja que ese sentimiento se profundice. «Indefenso» es todavía la palabra correcta, pero ahora la palabra es solo la punta del iceberg. Puedes empezar a sentir su tamaño debajo de la palabra. Todo eso –bastante– que está contenido en todo el tamaño.

De nuevo, el tercer movimiento: trata de percibir la cualidad de este nuevo, más amplio felt sense.

Cuando sea que aparezcan palabras, compruébalas con el felt sense. Si no provocan ninguna diferencia ahí, déjalas pasar, y vuelve al felt sense.

Un cambio sentido se siente como un alivio. Así es como lo reconoces. Puede venir en cualquier momento durante cualquiera de los movimientos de focusing. Si eso sucede, dale la bienvenida. Algunos de los movimientos también pueden suceder simultáneamente. Estas instrucciones no tratan de un proceso mecánico, sino de uno humano.

Puede haber muchos ciclos o pasos semejantes antes de que un problema dado se sienta resuelto. Sientes un cambio corporal con cada paso.

A menudo no es posible resolver completamente un problema dado en una sesión de focusing. Pueden ser necesarios una docena de pasos, a lo mejor incluso un centenar, antes de que el problema se sienta resuelto. El proceso puede llevar meses. Continúas con cada sesión hasta que simplemente consideras que es suficiente por hoy. Llegas a un punto en el que dices: «Bueno, no he superado todavía este problema, pero estoy en un lugar de parada que se siente bastante bien. Necesito un día para permitir que mi cuerpo viva con esto tan cambiado, y quizás también para salir al mundo y ver qué pasa». A menudo, los pasos de focusing y los de la acción exterior se alternan. Uno ayuda al otro.

No te desanimes si focusing no te lleva a resultados espectaculares la primera vez que lo intentas. Como cualquier otra destreza, requiere práctica. También, como hemos visto, requiere que venzas ciertos hábitos de mente y cuerpo profundamente arraigados, ciertas formas demasiado familiares de hablarte y de hablar contigo. Tratar con tales dificultades puede llevar tiempo.

Mis colegas y yo hemos enseñado focusing a mucha gente durante estos últimos años, y hemos anotado cuidadosamente las dificultades con las que se encuentra a menudo la gente cuando explora este territorio interno desconocido. Sabemos qué hacer con estas dificultades. Si hallas que la experiencia de un cambio interno te elude al principio –y estadísticamente esto es lo más probable– estate segura de que no eres la primera persona que se ha encontrado con este problema. Sea el problema que sea, probablemente seremos capaces de ayudarte con él antes que termine el libro.

Los restantes capítulos de la segunda parte están destinados a este propósito. Son capítulos de solución de problemas. En ellos se revisan los problemas más comunes que interfieren con el focusing de las personas; en ellos se sugieren maneras de salir del atolladero.

Los seis movimientos:

1. Despejar un espacio
2. El felt sense
3. Encontrar un asidero
4. Resonar
5. Preguntar
6. Recibir

6

Lo que focusing no es

Una dificultad muy común que experimentan las personas noveles que practican focusing es una confusión acerca de lo que se supone que es focusing. La mayoría de las personas, para cuando llegan a la edad adulta, han adquirido una educación no experta en psicoterapia, y mientras que esto puede ser útil en algunos aspectos, también puede llevar a ideas preconcebidas erróneas.

Si comienzas tu experiencia de focusing con cualquiera de tales errores en tu mente, seguramente te vas a desviar en una dirección equivocada. Por lo tanto:

Focusing no es un proceso de hablarse a sí mismo

Si eres como casi todo el mundo, sin duda sabes mucho sobre lo que está mal en tu vida. Y puede que a menudo te sermonees, quizás basando tus sermones en sólidos razonamientos y suposiciones.

«Es mi madre. Siempre odió a los hombres y lo decía constantemente. Eso lo tengo de ella, y sé que no es así, pero debo tener aún algo de eso en mí, o no me sería tan difícil relacionarme con hombres».

O, en otros momentos, te saltas el sofisticado sermón y, en su lugar, te insultas rotunda y simplemente. Piensas que lo que necesitas es una patada.

«Oh claro, ya sé lo que me pasa. No tengo agallas. No tengo coraje, así soy yo. No es extraño que nunca llegue a ninguna parte».

Estos sermones y autocastigos no solo resultan desagradables, sino que no producen ningún cambio útil. Te vuelves algo así como dos personas, una en prisión y otra fuera. La de fuera recrimina o insulta a la de dentro, enumerando cruelmente todos los presuntos (pero habitualmente no probados) defectos de carácter que supuestamente la han llevado a la lamentable situación de prisionera. Nada de eso la ayuda a escapar. Después del sermón, la persona de dentro está tan bloqueada como siempre.

Focusing no es así. En vez de hablarte desde fuera hacia dentro, escuchas lo que viene *de ti* desde dentro. Preguntas de una manera suave, amistosa y comprensiva: «¿Qué te pasa?». Quizás nunca antes has sido así de amistoso o amistosa contigo. La mayoría de la gente se trata a sí misma muy mal, mucho peor de lo que se les ocurriría tratar a otro ser humano. La mayoría de la gente trata a la persona de dentro que siente como lo haría un sádico guardián de prisión.

Ahora, habiendo preguntado a tu cuerpo: «¿Qué es lo que realmente te pasa?», deliberadamente te refrenas en contestar. Cuando haces una pregunta a alguien, no continúas y contestas tú a la pregunta. Trata a tu propia persona de dentro que siente por lo menos como tratarías a otra cualquiera. Tu persona de dentro que siente también puede contestar, y no necesita que tú se lo contestes todo.

Procura pasar por alto todas las superficiales respuestas familiares que vienen muy rápido. Son las mismas viejas respuestas que has oído en miles de autosermones con el correr de los años. Recházalas con firmeza. Espera tranquilamente a las renovadas y frescas respuestas que vengan de tu interior, desde el felt sense corporal de cualquier situación que te esté preocupando.

Focusing no es un proceso analítico

Es bastante fácil, algunas veces incluso divertido, intentar un análisis racional de los problemas personales propios. Tal análisis puede ser elaborado o simple, muy serio o un juego de salón. Las personas intelectuales no pueden evitar el analizar, por lo menos algunas veces.

«La razón por la que estoy sola *debe* ser porque escojo a los hombres equivocados. Debo de sentirme atraída por una clase de hombres que termina por rechazarme. Debe ser porque estoy buscando a alguien como mi padre».

Sean o no correctas, en líneas generales, las suposiciones básicas que hay detrás de los análisis de esta persona, el análisis no le sirve para mucho. Nada dentro de ella ha cambiado. Está todavía bloqueada.

De hecho, los mismos términos en los que el autoanálisis es llevado a cabo tienden a enfatizar esa cualidad de «bloqueada». Cuando te dices: «Así es como soy», quieres decir que no hay posibilidad de cambio. El análisis, en este sentido, casi siempre es pesimista.

Focusing, en contraste, es optimista. Está basado en expectativas muy positivas de cambio. No concibe al ser humano como una estructura fija cuya condición pueda ser analizada de una vez para siempre. Concibe a la persona como un *proceso*, capaz de cambio continuo y movimientos hacia adelante. Los «problemas» dentro de ti son solo esas partes del proceso que han sido detenidas, y el objetivo de focusing es desbloquearlas y poner de nuevo el proceso en marcha. Cuando haces focusing correctamente, no solo esperas cambio, sino que lo creas en el mismo acto de enfocar.

En lugar de intentar analizar un problema, empiezas por ponerte en contacto con el felt sense de ello, de *todo* ello, del problema en su globalidad, de una vez. Es una clase especial de receptividad en la que el felt sense puede cambiar físicamente.

Nunca puedes conceptualizar los miles de detalles en «*todo eso* acerca de la pelea que tuvimos anoche». Pero, habiendo sentido el problema en su globalidad, puedes luego ponerte en contacto con el núcleo, y luego con lo que está debajo de eso, y así sucesivamente. Enfocas paso a paso hasta que el problema se siente resuelto.

Resolver un problema es muy diferente a meramente entenderlo. En focusing, una persona no se limita a hablar acerca del problema. Una persona *experiencia* un cambio físico en cómo lo siente.

Cuando focusing produce un paso real en la resolución del problema, el cambio corporal señala que algún bloqueo interno ha cambiado. Con cada paso, el problema se siente ligeramente diferente de, y mejor, que de la manera en que se sintió anteriormente. El felt sense del mismo ha cambiado, lo cual es otra manera de decir que *tú* has cambiado. Cuando vuelvas a encontrar el problema en una situación de la vida, tu reacción será diferente.

Un paso exitoso de focusing, ordinariamente proporciona un entendimiento mucho mejor y más verdadero de lo que ha estado pasando. Junto con el cambio físico sentido, viene algo en palabras o en comprensión sentida que explica el problema mucho más claramente y, generalmente, en términos nuevos. Con frecuencia, toda la dificultad está enraizada en algo diferente de cualquiera de las consideraciones que estabas mirando. Y si tomas *esa* sabiduría corporal y más adelante enfocas en ella, de nuevo algo viene junto con el próximo cambio corporal. Esto puede sorprenderte de nuevo y puede que no sea una continuación lógica de lo que obtuviste en el primer paso.

Pero, a veces, uno o más pasos de este proceso pueden sortear tu mente analítica completamente. Un cambio puede tener lugar sin que entiendas del todo por qué o cómo sucedió. Si enfocas en ese preocupante felt sense de «todo acerca de John», por ejemplo, tal vez halles que las palabras que vienen junto con el cambio corporal añaden muy poco a tu conocimiento consciente de tu problema «John». Pero el entendimiento es un resultado colateral.

O puede parecerte que lo que llega no viene al caso. «Así pues, bien», puedes pensar, «ahora sé una nueva razón de por qué estoy incómodo con John. Ahora sé que hay algo acerca de mi trabajo enredado en esto, algo relacionado con que John piensa que yo no me esfuerzo suficiente. Pero, ¿de qué me sirve saber esto ahora? La próxima vez que vea a John el problema seguirá aún ahí, ¿no?».

No. No seguirá, no si eso vino con un cambio corporal de focusing. El cambio en focusing cambió tu felt sense de John en cientos, o quizás miles, de maneras sutiles que están más allá de tu poder, o del poder de nadie, para percibirlo racionalmente. Los cambios han tenido lugar en tu cuerpo, no en tu mente racional. Tu mente consciente sabe poco acerca de ellos. Todo lo que podrías saber es que la próxima vez que te encuentres con John te *sentirás* diferente y actuarás diferente. (A veces, podemos luego comprender algo de ello, si lo deseamos).

El proceso es, ciertamente, misterioso, no solo para aquellas personas que lo experimentan por primera vez, sino también para quienes lo hemos estudiado durante años. Nosotros, los humanos, todavía sabemos muy poco acerca de nuestros procesos mente-cuerpo.

Puedo decir con mucha más certeza *qué* sucede, que *por qué*. Lo he visto suceder en muchas otras personas y he sentido que sucede en mí. Permitamos ahora que suceda en ti.

Enfoca durante los próximos diez minutos si no lo has hecho ya. Nota cualquier dificultad con la que te encuentres. Los próximos capítulos pueden ayudarte a resolverlas.

Focusing no es una mera sensación corporal

Un felt sense es la sensación física corporal de un problema o de alguna preocupación o situación. Es una sensación física de significado. Si tienes sensaciones corporales que parecen meramente corporales y no relacionadas con ningún aspecto de tu vida, déjalas ir. Pregúntate cómo va tu vida, y bastante pronto tendrás un felt sense corporal.

Focusing no es solo estar en contacto con «las sensaciones de tus entrañas»

Pudieras tener una sensación clara e intensa en relación con algún problema, y habitualmente la misma una y otra vez. Especialmente si has tenido esa sensación muchas veces, tiene poco sentido tenerla de nuevo, una vez más.

Un felt sense es la molestia más amplia, al principio *poco clara*, *irreconocible*, que *la globalidad* del problema (*todo eso*) produce en mi cuerpo. Para dejar que se forme, tienes que apartarte un poco de la emoción conocida. El felt sense es más ancho, menos intenso, más fácil de tener, y mucho más ampliamente inclusivo. Así es como tu cuerpo lleva *la globalidad* del problema.

Es probable que una palabra-cualidad como es el asidero del felt sense sea una palabra que no diga todavía mucho acerca del problema. Sería una palabra adecuada (o imagen) tuya propia. Palabras del tipo «pesado», «apretado», «como pegamento», «intimidado», «nervioso». Tales palabras nos ayudan a retener la cualidad del todavía poco claro felt sense.

7

Despejar un espacio para ti

El primer movimiento de focusing es enormemente importante porque, si puede suceder, el resto de movimientos probablemente también sucederán. En el primer movimiento despejas para ti un espacio en el que vivir, mientras tiene lugar el resto del proceso de focusing.

Normalmente, realizarás el primer movimiento solo una vez al comienzo de cada sesión de focusing. Los otros movimientos pueden repetirse docenas de veces en una misma sesión a medida que recorres tus felt senses un paso tras otro, tras otro. Distintas personas encuentran difíciles diferentes movimientos al principio. No te desanimes si el primero te resulta difícil.

El primer movimiento es aquel en el que te regalas lo que pudiera llamarse un «medio positivo». Entras en un estado de mente y cuerpo en el que pueden tener lugar libremente los otros movimientos de focusing. Tus acciones internas en este movimiento son parecidas a las acciones evidentes de las personas artistas cuando comienzan a trabajar cada mañana. Se aseguran de que sus pinceles estén limpios y libres de pintura endurecida, raspan los residuos secos de la paleta, remueven los botes de pintura, y amasan los tubos para quitar cualquier punto endurecido o coagulado que se pueda haber formado por la noche en las pinturas. Esto puede parecer secundario respecto al trabajo principal, pero hasta que no esté hecho, el resto del trabajo no puede comenzar en absoluto.

Hay muchos modos de acceso al primer movimiento, muchos actos internos diferentes que pueden producir el medio positivo o receptividad cuerpo-mente que necesitamos. Una manera que funcione bien para una persona puede no resultar para otra. Conserva la que o las que tengan sentido para ti personalmente, el modo o combinación de modos que hacen que suceda algo bueno dentro de *ti*.

Despejar una habitación desordenada

Ya hemos mirado este modo de despejar un cuarto. Es el que me hace llamar a este primer movimiento el acto de «despejar un espacio». Empujas todos tus problemas a un lado de manera que haya un sitio para ti, para respirar y sentarte en una comodidad provisional. Usando un ejemplo ligeramente diferente es como…

Hallar la distancia correcta con respecto a tus problemas

Tú no quieres caerte dentro de tus problemas, hundirte en ellos, *convertirte* en ellos. Por el contrario, tampoco quieres escaparte de ellos, ignorarlos, o reprimirlos. Estos abordajes habitualmente no son fructíferos.

Hay una tercera vía mucho más útil. Es el acto interno de *distanciarte* de lo que te está preocupando, pero manteniéndolo delante de ti. No te metes en los problemas. Te retiras un poco, lo suficiente para que ya no sientas que los problemas son abrumadores, pero lo suficientemente cerca para que aún los puedas sentir.

Mantente atrás, a unos pocos pasos de tus problemas. Si quieres puedes acercarte y tocarlos como si lo hicieras con la punta de los dedos y sentirlos. Y puedes retirarte cuando empiecen a ponerse demasiado amenazantes.

Esto lo haces con cada uno de tus problemas en el primer movimiento, uno por uno. Te distancias de cualquier cosa que te esté preocupando ese día en particular, cualquier cosa que te esté hiriendo, incordiando. Por supuesto, todavía sigues viendo todos esos problemas delante de ti. Todos siguen ahí todavía. Pero tú has entrado en un pequeño espacio protegido donde, por algún tiempo, no pueden hacerte daño.

Permiso para sentirte bien

Algunas personas me han dicho que les parece que este primer movimiento, de alguna manera, es huir de los problemas. Creen que tienen que sentir cada mal sentimiento hasta el máximo todo el tiempo. Si no lo hacen, se sienten cobardes. Parecen sentir culpa por sentirse bien, incluso brevemente. Sienten que es su deber sentirse incesantemente mal mientras el problema no esté resuelto.

Yo les digo que no se preocupen por sentirse bien un rato. «No te estás escapando de nada», les digo. «No te preocupes. Mientras te estás sintiendo bien, sabes que todo permanecerá tan mal como sabes que está».

El lío seguirá allí y todavía tendrás que aclararlo. No te estás escapando por tomarte un pequeño respiro respecto de ello. De hecho, has hecho justo lo contrario. Te has capacitado para manejarlo de una manera más efectiva y diferente.

No como un monumento

Piensa en el primer movimiento como un tiempo breve en el que te permites dejar de ser un monumento a tus problemas.

La mayoría de las personas albergan el sentimiento de que tienen que hacer que sus cuerpos expresen constantemente sus preocupaciones. Vivimos la vida con nuestros cuerpos. Cada problema o situación mala es como un calambre en el cuerpo. Mientras el cuerpo esté contraído por un problema, ya tiene la forma del problema y por lo tanto no puede lidiar con ese problema como un cuerpo completo y fresco. Hace frente al problema mientras *es* el problema. Por eso, focusing comienza dándole a tu cuerpo una pausa, un descanso, en el que lo dejamos volverse completo.

La mayoría de las personas dejan que sus cuerpos estén apretados, tomando la forma de lo que está mal en sus vidas, siendo un monumento a todas las cosas que están mal, en cada momento.

Pero tú *puedes* caminar hasta tu pobre cuerpo, que está ahí apretado, el monumento a todo lo que está mal y decirle: «Está bien. No nos olvidaremos. Puedes descansar un rato. Más tarde puedes volver y quedarte como un monumento de nuevo, pero ahora, ¡ve a tomar un descanso!».

El miedo es a evitar y olvidar. Es como si tuvieras solo dos opciones: o evitarlo o sentirte fatal. Pero hay una tercera alternativa: deja que tu cuerpo se sienta entero y sano, no te vuelvas la encarnación de tus problemas, solo tenlos delante de ti. No los has evitado y, sin embargo, sientes que no te abruman del todo.

Si puedes hacerlo, aunque sea por un minuto, estarás en disposición de trabajar con las dificultades y sentimientos dolorosos de una forma nueva.

Poner la carga en el suelo

Usando otra analogía, tu acto interno en el primer movimiento de focusing es como el acto interno de dejar en el suelo una carga pesada que has estado llevando contigo. Has caminado kilómetros con este incómodo saco. Ahora te paras, lo bajas y descansas un rato.

Tu cuerpo necesita el descanso. Lo cargas con este peso cada mañana y, si eres como la mayoría de la gente, no le das descanso hasta que te vas a dormir. Tal vez hay un breve momento, cuando te despiertas algunas mañanas, en que a tu cuerpo se le permite sentirse bien. Tienes que haber tenido esta experiencia. Tus ojos se abren. Sientes una gloriosa relajación y te sientes en paz.

¡Y entonces la carga cae sobre ti! Recuerdas todos los problemas que te estuvieron preocupando ayer. Cada mañana nos cargamos con esta pesada parafernalia y vamos dando tumbos todo el día con ella a cuestas. En el primer movimiento de focusing, te descargas. Pones el saco pesado en el suelo. Sacas los problemas uno a uno, los pones en fila y los miras sin cargar con ellos.

La lista reconfortante

Hay todavía otra manera de pensar sobre el primer movimiento: es como hacer la lista de «cosas-por-hacer».

Indudablemente has experienciado la tensión de tener demasiadas cosas por hacer y demasiado poco tiempo para hacerlas. Puede surgir una especie de pánico antes de salir de vacaciones, por ejemplo, o ante un viaje largo. Los días antes de salir, te encuentras corriendo, dando vueltas de un lado para otro.

En ese estado es muy probable que hagas eso que temes: olvidar algo importante. ¿Cómo puedes calmarte? Sentándote y haciendo una lista de lo que se necesita hacer.

Hacer la lista no suple el hacer las cosas, por supuesto. Lo que sí hace es que te sientas mejor. Alivia el pánico, te pone en un estado en el que puedes acercarte al problema central de una manera calmada y ordenada.

Confianza corporal

Buscando este estado de tranquilidad del primer movimiento encontrarás que ayuda el confiar en tu cuerpo.

Deja que tu cuerpo vuelva a su estado natural, el cual es perfecto. El cuerpo puede sentirse completamente a sus anchas y natural en todo momento. Simplemente deja que ocurra.

Una vez que permites a tu cuerpo ser él mismo, sin presiones, él tiene la sabiduría para lidiar con tus problemas. Estarás lidiando con esos sentimientos y situaciones tensas con un cuerpo relajado y suelto.

Es verdad que este pequeño sentirse bien que le estás dando a tu cuerpo –este descanso que le estás dando a tu cuerpo al amontonar los problemas enfrente de ti– es incompleto.

Pero también puedes esperar que, pronto, cuando empieces a trabajar con todo ese montón, te sentirás mucho mejor. Tu cuerpo siempre tiende a ir en la dirección de sentirse mejor. Tu cuerpo es un complejo sistema de mantenimiento de la vida.

A menudo, nos sentimos tan mal que llegamos a aceptar esas malas sensaciones como el estado básico de las cosas. Pero no lo es. La mala sensación es el cuerpo que sabe lo que sería bueno y empuja hacia ello.

Toda mala sensación es energía potencial hacia un mejor modo de ser si le das el espacio para moverse hacia su mejoría.

La misma existencia de malas sensaciones dentro de ti es la evidencia de que tu cuerpo sabe lo que está mal y lo que está bien. Debe saber cómo sería sentirse perfecto o no podría evocar una sensación de *lo que está mal.*

Tu cuerpo, con su sentido de lo adecuado, sabe qué se sentiría bien. Las sensaciones de «mal» o «equivocado» dentro de ti son, en efecto, la medida de tu cuerpo de la distancia entre «perfecto» y la manera en que realmente se siente. Sabe la dirección. Sabe esto con la seguridad con que tú sabes la manera de mover un cuadro torcido. Si lo torcido es lo bastante pronunciado como para que lo notes, no hay absolutamente ninguna probabilidad de que muevas el cuadro en la dirección equivocada poniéndolo aún más torcido, creyendo erróneamente que lo estás haciendo bien. La sensación de lo que está mal trae consigo, inseparablemente, un sentido de la dirección hacia lo que está bien.

Los valores éticos y morales *sobre los que pensamos* y que intentamos controlar pueden ser relativos y variados, pero los valores por los cuales nuestros cuerpos se alejan de las malas sensaciones son mucho más objetivos. Por supuesto, el cuerpo también aprende más a medida que nos desarrollamos. Ya no siente todos los valores posibles. Pero siente más vastamente de lo que podemos pensar. El cuerpo es un increíble y refinado sistema dentro de la naturaleza y el cosmos. Su sentido *holístico* de lo que va a favor de la vida y de lo que no, indica mucho más de lo que puede indicar un pensamiento o una emoción. Si deseamos añadir algo, tenemos que sentir cómo puede encajar eso en lo que el cuerpo siente ya, sus propios valores. Tal vez no seamos capaces de *decir* cuáles son esos valores sin contradecirnos o sin hacer suposiciones infundadas, pero el proceso de vida en cada persona tiene su propia dirección y esto no es relativo. Todos los valores que intentemos formular son relativos al proceso de vida en cada persona y debieran ser confrontados con él.

En focusing, a menudo hallarás que algunas palabras que vienen con un fuerte sentido de adecuación en un momento dado y te proporcionan un cambio corporal, son más tarde reemplazadas por lo que viene en un paso posterior. No puedes confiar –y no deberías hacerlo– en un *único* conjunto de palabras, en cualquier sentimiento *único*, cualquier mensaje corporal *único* que venga. Pero puedes decididamente confiar en toda la serie completa de pasos por los que tu cuerpo se mueve para resolver y cambiar un erróneo estado de ser. Puedes confiar en que, aun cuando las palabras y la comprensión de un paso dado sean reemplazadas, ese paso fue el paso adecuado que tenía que venir entonces, en aquel momento, y de allí llevará al siguiente paso adecuado.

Cuando empleo la palabra «cuerpo», me refiero a mucho más que a la máquina física. No solo vives físicamente las circunstancias que ocurren a tu alrededor, sino también aquellas que solo *piensas* en tu mente. Tu cuerpo físicamente sentido es, en realidad, parte de un gigantesco sistema de aquí y otros lugares, ahora y otros tiempos, tú y otras personas, de hecho, el universo en su totalidad. Esta sensación de estar corporalmente vivo o viva en un vasto sistema es el cuerpo tal y como es sentido desde dentro.

Cuando algo va mal, el cuerpo lo sabe e inmediatamente se pone a la tarea de repararlo por sí mismo. El cuerpo sabe cómo se siente su propio estado de sentirse bien y está constantemente comprobando y ajustando sus procesos para estar lo más cerca posible de ese estado. Por ejemplo, mantiene su temperatura en un estrecho margen cerca de los 36 ºC y medio. Las personas en todo el mundo tienen, exactamente, la misma temperatura corporal, vivan en el Ecuador o en el Ártico. Tu temperatura se mantiene en el mismo rango tanto en verano como en invierno, haciendo ejercicio o en reposo, porque tu cuerpo sabe lo que está *bien* y continuamente dirige, ajusta y compensa para mantener el equilibrio adecuado.

Tú no tienes que ejercer ningún control consciente sobre este proceso de mantenimiento de la temperatura. Confías en que tu cuerpo sostendrá este proceso día tras día, y también confías en que tu cuerpo sabe cuándo algo va mal. Siempre lo sabe. Cuando tu temperatura se sale de ese estrecho margen «correcto», de modo inequívoco te sientes menos bien.

La ayuda médica solo atiende al cuerpo, solo ayuda, aquí y allá, a lo que es el propio proceso de sanación del cuerpo. Un médico sabe cómo ayudar a curar una herida, pero la herida se cierra por sí misma. De manera parecida, sea lo que sea que hagas, siente si ello ha ayudado a que la sanación de tu cuerpo dé un paso o no.

Tu cuerpo conoce la dirección de la curación y de la vida. Si te tomas el tiempo para escucharlo a través de focusing, te proporcionará los pasos en la dirección correcta.

Un gran espacio

El primer movimiento (despejar un espacio) puede hacerse solo, por su propio valor. Si lo haces muy despacio, puedes llegar a un estado que parece importante por sí mismo. Entonces puedes dejar el resto del enfoque para otro momento.

Hacer el primer movimiento de esta manera es más elaborado. Pones tu atención en tu cuerpo y propones a tu cuerpo que te sientes totalmente bien y con gozo *sobre cómo marcha tu vida*. Entonces experimentas lo que viene, habitualmente alguna molestia sobre algo en tu vida. Ves qué es (grande o trivial, no importa) y lo reconoces («Sí, eso está ahí»). Entonces lo colocas cerca de ti, de una manera amistosa, como en el suelo.

Ahora, preguntas a tu cuerpo: «¿Qué pasaría, *en mi cuerpo*, si ese problema estuviera de alguna manera totalmente resuelto?». Sea lo que fuere que tu mente responda, espera hasta que sientas lo que viene a tu cuerpo. Entonces lo dejas ser durante un ratito.

Ahora pregunta: «Excepto por esto, ¿me siento totalmente bien y alegre acerca de cómo va mi vida?». Haces lo mismo con lo siguiente que venga. Cada vez, esperas a la manera en que tu cuerpo responde a estas preguntas.

Después de las cinco o seis cosas que habitualmente vienen de esta manera, hay una más: existe, habitualmente, en cada persona, un «sentimiento de fondo» que está ahí siempre (por ejemplo, «siempre gris», «siempre un poco triste», «siempre corriendo con miedo», «siempre esforzándome mucho»). ¿Qué cualidad está siempre ahí, ahora también, y se pone entre tú y el sentirte bien? Ponla a un lado también («Alguna vez veré qué más va con eso...ahora no»). Pregunta de nuevo: «¿Qué pasaría en mi cuerpo si eso también se pusiera a un lado?».

De esta manera a veces puedes llegar a una apertura, a una sensación de un gran espacio.

Debajo de todos los líos que cada persona acarrea, puede descubrirse un yo diferente. *Tú no eres* ninguna de las cosas que has apartado a un lado. ¡Tú no eres en absoluto ningún contenido!

Cuando llegas a este amplio espacio, tal vez quieras quedarte un rato y simplemente estar ahí. Pero el llegar ahí supuso formular preguntas específicas a tu cuerpo, y esperar alguna respuesta específica de tu cuerpo.

El escuchar amigable

El primer movimiento es el momento en el que estableces un ambiente de sentimiento amistoso dentro de ti. Te preparas para darte una escucha ecuánime.

«¿Cómo estás ahora mismo?», preguntas suavemente. «¿Qué te acompaña ahora mismo? ¿Qué es lo más importante para ti ahora mismo?».

Y después no contestas con palabras. No; esperas. Dejas que la respuesta sean las sensaciones que vendrán a tu cuerpo.

Las personas siempre pueden pensar en una larga lista de cosas que pueden, o debieran, preocuparles. Esta no es la lista que queremos. Solo queremos escuchar lo que ahora está impidiendo a tu cuerpo sentirse en buen estado.

Al principio puedes chocarte con un espacio en blanco e impacientarte, porque, después de todo, crees que lo sabes. «Estoy bien, excepto por mi mala sensación, como siempre, acerca de mi principal relación y aquella otra preocupación». Pero esto es contestar tú a la pregunta. El cuerpo no responde tan deprisa. Le lleva unos treinta segundos.

Sin duda estarías en disposición de conceder a tu cuerpo treinta segundos ¿no? Y, sin embargo, extrañamente, la mayoría de la gente *nunca* lo hace.

Mira tu reloj y observa cuán largos son treinta segundos. Esto te hará consciente de su sorprendentemente larga extensión. Tómate treinta segundos. Inténtalo ahora.

Hemos notado antes que la mayoría de las personas son bastante poco amistosas hacia sí mismas la mayor parte del tiempo. Si tú eres como la mayoría, te has tratado menos como un amigo o amiga que como un compañero o compañera de cuarto que no te gusta. Te quejas de ti, te insultas, te vuelves impaciente contigo cuando las cosas van mal. Construyes un modelo de la persona ideal que quisieras ser, y entonces te condenas porque eres imperfecta comparada con ese ideal. «Oh, soy sencillamente una persona perezosa», te insultas. «Si realmente quisiera alcanzar algo, trabajaría más duro. Me fijo esos buenos objetivos y entonces me echo para atrás, tropiezo y me pongo excusas».

Y así sigue el sermón. Hasta que hayas enfocado, tú no te has sentado y preguntado de una manera tranquila y amistosa lo que hay realmente allí. «Perezosa» es solo una palabra externa, un insulto. La palabra «perezosa» solo dice que nada importante podría estar involucrado en cómo te sientes. Pero tu cuerpo sabe por qué y cómo estás como estás, y algo de eso resultará ser importante si le das una escucha amistosa.

La sociedad probablemente te da la misma poco amistosa escucha que tú te das a ti. «Compórtate mejor», dice el mundo. Se quieren resultados, por supuesto, pero a veces se quieren tan rápidamente, tan tensamente, que no hay ni un minuto para ver qué hay en el camino. Y, sin embargo, un minuto puede crear una gran diferencia. A menudo, otras personas no quieren saber lo que realmente nos está deteniendo o frustrando. «Solo hazlo bien». La complejidad interna, que puede detenernos, pero que también puede hacernos mejores, con más efectividad, y creatividad, no es, con frecuencia, bien recibida. Hay esas palabras condenatorias –«perezosa», «no motivada», «egoísta», «autocompadecida», «demasiado sensible», «demasiado exigente»– que realmente no describen qué hay en nuestro interior. Pero tenemos que mirar dentro.

Suponte que estás entrevistando a una persona más bien tímida a la que no se le ha permitido decir mucho durante algún tiempo, quizás algunos años. Tú no te impacientarías ni le gritarías pasados cinco segundos. Le preguntarías con amabilidad y después esperarías, por lo menos, treinta segundos antes de concluir que la persona es una idiota sin remedio y también vacía e incapaz de hablar. Tampoco rechazarías la primera cosa que dijera.

Esto no quiere decir que te esté pidiendo que cambies completamente quién eres cuando aún ni siquiera has empezado focusing. No estoy sugiriendo que puedas ser alguien que se acepta y se quiere, y todas las demás cosas que te gustaría llegar a ser y quizás no eres, simplemente leyendo estas páginas. Más bien, es una actitud que puedes tomar para este tiempo especial de focusing.

Existe también alguna voz fuerte y áspera que interrumpe ruidosamente cuando intentamos escuchar internamente. A veces es una parte crítica de ti. A veces, sin embargo, es una energía de vida perfectamente buena que se impacienta. «He estado en el mismo sitio durante años, ahora quiero algo que me saque de aquí». Es una sensación perfectamente justificada, pero también tiene que esperar. «Pero he esperado toda mi vida». Claro, pero ahora espera solo estos pocos minutos para que podamos escuchar a tu ser interno. Preguntemos suavemente: «¿Qué sientes ahí abajo?».

En el primer movimiento de focusing es importante establecer esta atmósfera de escucha amistosa. Prepárate para aceptar por un momento cualesquiera sensaciones que encuentres dentro. No discutas con ellas.

Un escuchar hostil es aquel en que ciertas respuestas o todas las respuestas son rechazadas antes de que sean completamente oídas. Es la clase de escucha que un profesor o profesora enfadada da a una criatura revoltosa. Es esa clase de escucha que probablemente te has dado a menudo.

–«Bien, ¿qué tienes que decir de ti? ¿Cómo explicas este nuevo lío en el que nos has metido?».

–«Bueno, yo...»

–«¡Cállate! Ya te diré yo cuál es tu problema...».

El primer movimiento de focusing no es así. En este movimiento te sonríes, te alargas la mano. «Hola», dices, «¿cómo te sientes ahora?». Habiendo hecho la pregunta evitas cuidadosamente responderla. Deja que la respuesta venga de dentro, y acéptala por el momento. «Muchos problemas». «Oh, muchos problemas ¿eh? Bueno, está bien, vamos a despejar un espacio entre todos ellos por un momento, de manera que nos podamos sentar en paz... ¿Qué problema se siente el más pesado ahora mismo? ¿Aquel?... Ah, aquel asunto del sexo, ¿no? ¿Qué más?».

Mantén tu espacio despejado. Cuando empieces a enfocar, no te metas dentro de ninguna de esas cosas. Retírate hacia atrás, o ponte al lado de lo que enfoques. Pregunta: «¿cómo se siente eso hoy, *todo eso* sobre el sexo?».

Y estás en el segundo movimiento con toda probabilidad de hacer que algo cambie.

8

Si no puedes dar con un felt sense

En el capítulo anterior, hemos examinado varias formas de conseguir que se produzca el primer movimiento de focusing. Igualmente, ahora examinaremos modos de superar posibles problemas que puedas encontrar en el segundo movimiento. Recuerda que este es el movimiento que yo llamo «el sentir de la globalidad del problema», aquel en que dejas que se forme el felt sense del problema o situación que te esté preocupando en conjunto, la sensación de *todo eso*.

Como hice anteriormente, ofreceré varias sugerencias para superar diversas dificultades. Considera este capítulo, igual que el anterior, como una selección de herramientas puestas a tu disposición. Toma las que te parezcan útiles.

Dónde buscar un felt sense

Puede que hayas tenido dificultades para contactar con tu felt sense de un problema o puede que no hayas tenido la seguridad de poder reconocer un felt sense como tal cuando viene. No hay palabras preparadas en el lenguaje para ello, por lo que es difícil de describir. Hasta ahora muy pocas personas lo han entendido. La sociedad, y por tanto también el lenguaje, observaron solo las manifestaciones resultantes –pensamientos, emociones, percepciones– no los felt sense. Incluso los y las psicoterapeutas lo conocían solo como un misterioso «algo». Solo nuestra reciente investigación hace que se pueda hablar de ello y enseñarlo.

Dejadme hablaros un poco más acerca de lo que es un felt sense.

Un felt sense está hecho de muchos hilos entretejidos, como una alfombra. Pero es sentida (o «vista», si seguimos la analogía de la alfombra) *como una unidad.*

Un felt sense es como el tejido hecho de muchos hilos de conciencia corporal que –por ejemplo– guían a la persona que juega al golf cuando golpea la bola. Sería imposible *pensar* en todos los detalles de ubicación, ambiente circundante, y movimiento corporal que están entretejidos en el apuntar. Pero el cuerpo conoce el complejo conjunto de movimientos coordinados que se deben hacer para golpear la bola. El único felt sense de la situación incorpora el problema y la solución que el cuerpo conoce.

Las personas que juegan al golf no pueden pensar todos esos detalles intelectualmente. Cuando una persona que juega al golf se balancea, centenares de músculos diferentes deben trabajar todos juntos de una manera precisa, cada uno entrando en acción en un cierto microsegundo, cada uno ejerciendo la cantidad justa de tracción en el hueso justo en el período de tiempo adecuado. El cuerpo siente todo esto en conjunto.

Si observas a una persona que juega al golf preparándose para golpear, puedes ver todo su cuerpo apuntando. No se hace solo con los ojos o los brazos, sino cambiando la colocación de los pies, girando y reposicionando todo el cuerpo. Las personas que juegan al golf apuntan con el sentir de todo el cuerpo.

Puede que se necesite una dirección consciente en una parte del proceso. La persona que juega al golf puede estar pensando: «Esta vez tengo que mantener más recto el codo izquierdo». Pero todos los demás movimientos del apuntar ocurren sin un pensamiento consciente mientras piensa en ese codo izquierdo. Los movimientos preliminares son guiados por el sentir de todo el cuerpo, encontrando su equilibrio, buscando el sentir que diga: «Sí, ahora estoy preparada, me siento bien. Ahora puedo golpear». Las personas que juegan al golf no pueden describir una sensación de «preparadas» porque envuelve demasiados detalles. Sin embargo, conocen la sensación cuando viene. Cuando el sentir corporal está bien, golpean.

Tú buscas un felt sense en el mismo lugar donde las personas que juegan al golf miran para encontrar si están preparadas para golpear. No se hacen la pregunta en sus cabezas, sienten la respuesta en sus cuerpos.

El mismo proceso de sentir dentro del cuerpo es común a cualquier otro deporte. Hacer preguntas en la cabeza o intentar hacer que la mente domine al cuerpo nunca funciona.

Hay otra manera de responder a esta pregunta de dónde y cómo buscar un felt sense, otro tipo de ejemplo que puede ser más familiar y útil para ti. Supón que has estado escuchando un debate y estás a punto de decir algo relevante e importante. Las demás personas todavía están hablando. Tú no tienes las palabras preparadas. Lo único que tienes es el felt sense de lo que quieres decir.

Solo raramente, en algunas ocasiones muy formales, preparamos palabra por palabra lo que vamos a decir. Normalmente, tenemos *el felt sense* de lo que queremos transmitir y las palabras adecuadas vienen mientras hablamos. El felt sense incluye docenas de componentes, quizás cientos: el significado que quieres transmitir, el color emocional que quieres darle, las razones por las que quieres decir eso a esas personas concretas, las reacciones que esperas obtener de ellas, y así. Pero todavía no hay ninguna palabra específica.

Supongamos ahora que, mientras esperas tu turno para hablar, te distraes por un momento y olvidas lo que querías decir. Te dan la palabra esperando que digas lo que querías decir, pero no puedes.

Nunca tuviste palabras que decir, o sea, que no puedes usar palabras como un gancho para recordar y repescar tu significado perdido. ¿Qué haces para recuperar la sensación de lo que ibas a decir? ¿Dónde lo buscas?

Buscas dentro del cuerpo. Pasas por un proceso que es como una clase de focusing informal, buscas a tientas en tu interior. Allí sí tienes un felt sense, pero no el felt sense abierto, listo-para-hablar, que tenías antes. En su lugar, tienes *el sentir* de lo que olvidaste.

Puedes probar simplemente a estar en actitud tranquila, receptiva, confiando que «ello» se abrirá y lo que era regresará de nuevo por sí mismo. O puedes hacerte preguntas: «¿Era algo acerca de…?». O puedes tratar de seguir la pista con conexiones lógicas: «Estaban hablando de tal cosa…, así que tiene que estar relacionado con…». O puedes intentar recrear el significado perdido rodeándolo con eventos, como una pieza perdida de un rompecabezas: «Me vino justo después de que Carol dijera… y entonces, antes de que yo abriera la boca, Lou dijo…».

Cualquiera de estos procesos puede ayudarte a encontrarlo, pero «ello» debe responder. Cuando lo hace, cuando se abre y lo que querías decir vuelve, el alivio físicamente sentido te dice que lo tienes. E incluso en ese momento cuando «sabes» lo que querías decir a esas personas, aún no lo tienes en palabras.

Tanto cuando supiste lo que querías decir, como cuando solo supiste que lo habías olvidado, había un felt sense. Puedes incluso decir que es «el mismo» felt sense, pero cuando vuelve, el felt sense se abre y te permite descubrir y utilizar lo que era.

Focusing es parecido a eso. Tienes que ir a ese sitio donde no hay palabras sino solo *sensación. Al principio puede que no haya nada allí hasta que se forme un felt sense*. Cuando se forma, se siente lleno de significado. El felt sense tiene en sí mismo un significado que tú puedes sentir, pero generalmente no se abre inmediatamente. Normalmente tendrás que quedarte con un felt sense durante unos segundos hasta que se abra. El formarse, y después el abrirse de un felt sense lleva, habitualmente, unos treinta segundos, y puede llevarte tres o cuatro minutos, contando las distracciones, darle los treinta segundos de atención que necesita.

Cuando buscas un felt sense, buscas en el lugar que conoces sin palabras, en el sentir corporal.

Práctica para conseguir un felt sense

1. Silenciosamente, escoge algo que amas o piensas que es bello. Podría ser un objeto, una mascota, un lugar o cualquier otra cosa. Algo, de alguna manera, muy especial para ti. Tómate de uno a dos minutos.

2. Decídete por una cosa. Pregúntate: «¿Por qué me gusta… o por qué pienso que es bello?».
3. Permítete sentir esa total sensación de cosa especial o querida. Mira si puedes encontrar una o dos palabras que alcancen a decir lo que es.
4. Permítete sentir aquello a *lo que se refieren* esas palabras, la totalidad del felt sense, y mira si surgen nuevas palabras y sensaciones.

Este ejercicio es para ayudarte a tener experiencia en atender a un felt sense, algo grande y absolutamente sentido, pero que no eres capaz de verbalizar. Date cuenta cuán poco de tu sentimiento amoroso dicen realmente las palabras. Y con todo, las palabras se ajustan en relación con el felt sense (si has tenido éxito encontrando tales palabras).

Una manera de dejar que se forme un felt sense

¿Recuerdas mi descripción anterior de cómo tratamos de decirnos que nos sentimos bien, y, a pesar de todo, la mala sensación en el cuerpo nos replica? Decimos: «¡Está bien, todo está bien! Eso no me molesta en absoluto» y, sin embargo, si comprobamos en el cuerpo, lo que viene de allí se siente tan mal como antes.

Esto puede ser utilizado para ayudarnos a conseguir un felt sense.

Suponte que estás enfocando un problema. *Sabes*, por supuesto, que no te sientes bien acerca de ello, ya que es un problema para ti. Aun así, trata de proponer *a tu cuerpo*: «Me siento completamente bien acerca de esto, el problema está totalmente resuelto». Si pones atención en tu cuerpo, rápidamente encontrarás que viene una muy específica sensación de no estar bien respecto del problema.

Por supuesto, tú sabías todo el rato que no te sentías bien acerca del problema, pero ahora puedes sentir la cualidad exacta del felt sense, cómo tu cuerpo tiene el problema.

Se puede usar el mismo método en cualquier momento, durante focusing, si dejas de tener el felt sense y sientes que te pierdes. Simplemente pones tu atención en tu cuerpo y dices: «Entonces, este problema está ahora totalmente resuelto… ¿es así?». Espera un momento, y allí está la sensación-corporal de lo que todavía no está resuelto. Entonces percibe la cualidad de ello.

Un mural de la globalidad del problema

A veces ayuda el comenzar con una imagen y después encontrar el felt sense. Imagina que la *globalidad* de tu problema es una gran pintura en un muro grande. Tienes que retroceder para verla entera. Deja que una imagen así venga y luego presta atención en tu cuerpo al felt sense que esa imagen te proporciona.

Cuando las palabras se entrometen en el camino

Si has estado viviendo con un problema durante mucho tiempo, probablemente has formado palabras para describir o explicar el problema y probablemente te has bloqueado en esas palabras. Esto le sucede a la mayoría de la gente. «*Sé* cuál es mi problema sobre el sexo», puede decir alguien. «Le tengo miedo. Sencillamente miedo. Puedo sentirlo. ¿Qué más hay que decir?».

Obviamente nada cambiará si esas palabras están siempre en medio. Son palabras pesimistas, niegan la posibilidad del cambio. «Así soy yo», dicen las palabras. «Fui hecho así, o la vida me ha hecho así. Siento un bloqueo aquí».

Ya hemos hablado anteriormente del truco de dejar que tales palabras pasen de largo, ignorando lo que sabemos y sintiendo de una manera nueva para encontrar lo que tu cuerpo realmente siente. Toma el sentimiento que tienes y permítele que se ensanche hacia el felt sense de todo eso.

Otra manera de conseguir esto es decirte: «¿Cómo es para mí ahora ser una persona que tiene este problema?». Inmediatamente sentirás algo más amplio, que al principio será poco claro. Enfoca eso. O puede que la cualidad del sentimiento esté clara inmediatamente. Puede ser ira por tener el problema, o prisa por resolverlo, o un sentimiento pesado de desesperanza, o quizás alguna sensación de pequeñez y tensión. Preguntar cómo es, ahora, ser una persona con este problema, ayuda a ensanchar el panorama, de manera que el felt sense de todo el problema puede venir y traerte otros sentimientos específicos. Luego enfoca en la cualidad sentida más importante que venga.

Otra ayuda específica: si las palabras siguen viniendo de dentro de tu cabeza, explicaciones, ideas y acusaciones y demás, sigue repitiendo una pregunta abierta que sea tuya. Por ejemplo, sigue repitiendo: «¿cómo se siente *toda* esa cosa?». De esta manera tú controlas la parte de tu mente que elabora las palabras, para que no te arrastre con ella.

Pero la cosa no es luchar contra las palabras. Está bien que las palabras fluyan. La cosa es sentir detrás y debajo de ellas. Para hacerlo, ayuda el seguir repitiendo una pregunta abierta.

Es importante no bloquearse con los mismos viejos pensamientos y sensaciones, sino ensanchar el panorama de manera que pueda comenzar un proceso diferente desde la más amplia sensación corporal del problema.

Cuando no hay sensación aparte de las palabras

Si no has sido capaz de experienciar ningún sentimiento o felt sense que sea claramente distinto de las palabras, si tu sentimiento siempre viene con las palabras que encajan perfectamente con él, de manera que siempre son una sola cosa, intenta esto:

Pasa por los primeros movimientos de focusing como de costumbre: despeja un espacio, amontona todos tus problemas en un lado, siéntate con tranquilidad y receptividad. Entonces repite las palabras más llenas de emoción que tengas, despacio, una docena de veces o así: «Le tengo miedo…, miedo…». Y todo el tiempo mantén algunas preguntas flotando alrededor de las palabras: «¿Qué es este miedo?» «¿Cómo se siente dentro?» «¿Dónde lo siento?».

Al principio las palabras y la sensación pueden ser exactamente la misma cosa, pero después de un rato encontrarás que la sensación se hace algo más grande, sobresaliendo, por así decirlo, alrededor de los bordes de las palabras. Hallarás que, sí, las palabras se ajustan, pero solo alcanzan el centro de la sensación. Realmente, en la sensación hay más.

Como me dijo uno de nuestros mejores profesores de focusing de Chicago:

> «Al principio, cuando intentaba enfocar, nunca conseguía un felt sense. Todo lo que tenía eran palabras que podía sentir, pero nunca había un sentimiento excepto directamente en las palabras. Mis palabras eran como definiciones y tenía mis sentimientos definidos de manera que parecían como si fueran exactamente lo mismo que las palabras. Estaba mirando solo al centro de cada sentimiento, y en el centro el sentimiento *era* lo que las palabras decían. Me llevó tres meses hasta que un día me di cuenta que había más en el sentimiento. Tenía una especie de bordes difusos. Estaban más allá de lo que tenían las palabras. Eso fue un descubrimiento para mí. El sentimiento como teniendo bordes difusos, eso es el felt sense. Lo enseño de esa manera ahora».

Para conseguir el borde más difuso de la sensación, o tener la sensación separada de las palabras, puede ayudar el repetir la frase más significativa que puedas encontrar, tratando de sentir dónde y qué te hace sentir.

En cierta manera, estás pasando ahora por los movimientos de focusing hacia atrás. Esto funciona bien para algunas personas. El procedimiento más común es, primero, contactar con el felt sense del problema como un todo (segundo movimiento). Pero como he dicho antes, focusing no es un procedimiento mecánico. Si encuentras que, a veces, es más efectivo para ti empezar con palabras y trabajar a la inversa, hacia el felt sense de *todo ello*, por encima de todo, hazlo así.

Si lo haces, asegúrate de que tu actitud es la de *preguntar*, no la de afirmar. No te servirá de nada simplemente repetir lo que te has venido diciendo durante años. Repite las palabras, sí, pero con el espíritu de *explorar* cómo las experiencia tu cuerpo, y deja que tu sensación corporal responda.

Relajando tu cuerpo

Antes de empezar focusing, puede ayudarte estirar y relajar todas las partes de tu cuerpo durante algunos minutos. Tensa tus brazos, manos, antebrazos; déjalos que sientan la presión, duros, tensos. Siente la tensión... y lentamente relájate. Siente la diferencia. Déjalos sentirse flojos, suaves, relajados. Haz lo mismo con tus piernas, estómago, mandíbula y todo lo demás. Comprueba si estás «aguantando» en alguna parte, y déjate relajar.

Cuando no se siente nada corporalmente

«Antes de que pudiera aprender a enfocar», me dijo alguien, «tuve primero que descubrir cómo las emociones ordinarias estaban realmente *en* mi cuerpo. Solía sentir miedo, ansiedad y agitación, por supuesto, pero solía sentirlas todas a mi alrededor. Como si estuvieran en el aire, más o menos. Me llevó un tiempo darme cuenta que estaban *en mi cuerpo*, como los latidos del corazón, o un sentimiento desasosegante en mi barriga. Tuve que aprender primero esto acerca de las cosas ordinarias que todo el mundo siente, que están dentro. Solo entonces pude buscar un felt sense dentro».

Si este relato te encaja, date una semana o así en la cual te fijes cada vez que sientas una emoción ordinaria fuerte. Nota cómo se siente en tu cuerpo. Encontrarás que tu cuerpo siente la emoción *dentro*.

Compruébalo ahora. ¿Puedes poner tu atención dentro de tu estómago? Si puedes, darás con una sensación allí, como caliente y borrosa, o apretada y tensa. Si no puedes percibir este tipo de sensación en tu estómago, necesitas ejercitarte en esto. Pon tu atención en el dedo gordo del pie izquierdo, muévelo si es necesario. Apriétalo hacia el suelo. Ahora lo sientes por dentro. Ahora sube a tu rodilla. Esta vez no la muevas y mira si la puedes encontrar desde dentro. Luego sube a tu ingle y de allí a tu estómago. Ya estás.

Para muchas personas esto es bastante nuevo, pero no lleva mucho tiempo aprenderlo. La mayoría de la gente puede poner su atención en el estómago o pecho, y si te ejercitas un poco en ello, tú también puedes.

Si te das cuenta de que tu mente está divagando

Si te sorprendes yendo a la deriva pensando en algo irrelevante cuando estás enfocando, tráete de vuelta *suavemente*. Di: «¿Qué estaba yo enfocando?... Oh, sí, *aquello*... Y, ¿qué estaba tratando de hacer con ello? Ah, sí, sentir toda la cosa. ¿Cómo se siente esa *globalidad*?».

Para traerte de vuelta, necesitas ser amable, algo así como si estuvieras tratando con un niño o una niña pequeña cuya atención divaga. Pones tus brazos alrededor de la niña para atraer su atención, y suavemente la guías hacia cualquier lección que le quieres enseñar.

Entonces, cuando tu mente divaga, rodéate suavemente con tu brazo, por decirlo de alguna manera, y guíate de vuelta. No importa cuántas veces tengas que hacer esto.

Si tienes pocas sensaciones

Algunas personas tienen dificultades para contactar con sus sensaciones. Casi todo el mundo tiene esta dificultad, al menos de vez en cuando. Alguien cercano te enseña un cuadro que aprecia mucho, por ejemplo. Miras el cuadro consciente de que se espera de ti un comentario significativo. Pero el cuadro no despierta una respuesta en ti, o, si la despierta, no puedes ponerte en contacto con esos sentimientos. Te quedas mirando el cuadro y finalmente tienes que decir: «Bueno, está bien».

Quizás te parezca que simplemente no eres una persona muy complicada por dentro, que no tienes ese complejo entramado de sensaciones que estoy describiendo en este libro, pero, de hecho, lo tienes. Eres un ser humano. Está ahí.

Estamos tan acostumbradas a los patrones simples –si alguien nos engaña nos enfadamos, si alguien nos ignora nos sentimos heridas– que muchas personas no miran debajo de esos patrones simples para ver su propia complejidad única. Pero está allí. Si empezara preguntándote cómo te sientes acerca de ser ignorada, tú podrías decir: «Mal... ¿cómo te sentirías *tú*?» Esto indicaría que todas las personas se sentirían «mal» o «heridas» cuando son ignoradas, y, por supuesto, eso es verdad. Pero cómo y dónde me toca a mí no es igual a cómo y dónde te toca a ti. Este «cómo y dónde» está debajo de la simple sensación que sigue un patrón y es universal. Establecer contacto con eso podría llevar un poco de tiempo.

Tienes que decirte: «Sí... es así... siento algo herido en mí, es natural, sí, claro que sé por qué me siento así. Me ignoraron. Claro, eso es, *pero...* déjame sentir *todo lo* que está implicado para mí en esto. Tiene que ver con "todo acerca de esa persona" y "todo acerca de mí con esa persona", y "todo lo que significa para mí que me ignoren de cualquier modo"». Pronto sentirás una masa de cosas todavía no claramente conocidas. Entonces puedes enfocar en ese felt sense y luego en su núcleo.

Si encuentras difícil ponerte en contacto con tus sentimientos más complejos, hay varias cosas que puedes hacer. Puede ser solo cuestión de práctica. Algunas personas comprueban sus emociones regularmente, día tras día, hora tras hora, pero quizás nunca has hecho esto. Inténtalo en los próximos días. Identifica las sensaciones a medida que pasan. Al entrar en interacción con otras personas y conforme transcurre tu vida diaria, párate interiormente de vez en cuando y pregúntate en forma amigable: «¿Cómo estoy ahora? ¿Qué estoy sintiendo ahora?». No te des la respuesta. Espera. Mira qué viene.

Sienta bien hacer esto, siempre y cuando des la bienvenida a lo que encuentras dentro. No te digas cosas malas, no te insultes a causa de lo que encuentres. Solo siente satisfacción de haberlo encontrado y que se sienta claramente. Llega a conocer tu espacio interior.

Si alguien está frecuentemente contigo puede ayudarte a ponerte en contacto con tus emociones si le pides que te advierta cuando muestres una emoción específica. «Pareces enfadado», te puede decir. O: «Puedo ver que estás feliz ahora». Otras personas frecuentemente acertarán al adivinar que tienes una emoción –aunque probablemente no acertarán en lo que esa emoción es realmente–. Cuando tu amiga te dice que parece que tienes tal emoción, agradécelo, pero no aceptes sin más lo que dice sobre lo que el sentimiento pueda ser. Comprueba por dentro. La valoración de tu amiga, «pareces enfadado», puede ser bastante errónea. Puedes encontrarte, sin embargo, molesto, preocupado, irritado, impaciente, decepcionado, aprensivo, o quizás de alguna rara manera que no tiene nombre. Ve más allá percibiendo lo que hay en ello.

Si no tiene nombre, ese puede ser el mejor de todos los resultados. Cuando aplicas a la ligera una de esas desgastadas etiquetas identificativas una emoción –enfado, miedo, aburrimiento– tiendes a pensar que ahora sabes todo lo que hay que saber acerca de esa emoción. Le has puesto su correspondiente etiqueta, la has identificado, y eso es todo. Pero siempre hay más, mucho más que saber, porque hay una infinidad de posibles maneras de sentir cualquier emoción etiquetada como «ira». Mi «enfadado» de ahora mismo sobresale de una masa diferente de cosas respecto de otro «enfadado» que sentiré en una situación diferente mañana o la semana próxima. Es por eso que no necesitas detenerte en sensaciones que parecen venir con etiquetas asignadas de antemano. Da la bienvenida especialmente a aquellas que vienen sin nombre. Cuando una sensación viene sin nombre, párate, escucha, y deja que fluyan palabras frescas de ella: «Me siento… como que debiera ser capaz de hacer algo, pero… estoy entre la espada y la pared… o algo así».

Si te sientes en blanco, o con un bloqueo, o un vacío

Para focusing, casi cualquier cosa resultará ser un sentimiento. La ausencia de sentir también es un sentir, como he dicho anteriormente.

«Siento vacío». «Bien. ¿Cómo se siente este "vacío"?». «¿Cuál es la sensación de todo este vacío?».

«Siento bloqueo». «Vale, ¿Cómo se siente ese "bloqueo"?». Averigua si es un bloqueo tenso, o pesado, como si tuvieras una roca encima aplastándote, o una clase de bloqueo de «no-saber-qué-hacer». O, ¿se siente como atrapado? Dale tiempo y se abrirá.

Si sientes enfado para contigo, o te esfuerzas demasiado, o hay demasiada inquietud o temor a enfocar

Cualquier cosa que se interponga en el camino, puedes enfocarla por el momento, en lugar del problema o dificultad que querías enfocar. Puede ser que tu cuerpo necesite remover este obstáculo primero.

Supongamos que el obstáculo es la ira. Pregúntate: «Bien, ¿qué es "todo esto acerca de esta ira"?». Deja que ese sentimiento se extienda en su felt sense.

O:

> «Otra vez, esforzándome tanto que me tensiono. Vale, ¿qué es este esforzarme tanto? Conozco todo acerca de ello, por supuesto, es… sí, espera, sé todo eso. Sintamos solo qué es *todo eso* acerca de esforzarme tanto. Todo eso. ¿Cómo se siente todo eso?».

O:

> «Siento demasiada inquietud para enfocar, demasiada agitación. Desearía no sentir tanta agitación, entonces podría dejar que mi atención descendiera hacia dentro. Vale, tomemos la agitación ¿Cuál es el completo sentir de esta agitación?».

De esta manera respetas el sentir de tu cuerpo acerca de lo que hay que hacer a continuación. Normalmente, eso se vuelve una nueva y mejor manera de entrar en el problema.

Cuando tienes miedo de enfocar

«No quiero mirar dentro de mí. Tengo miedo de lo que pueda encontrar allá dentro».

Esta es una preocupación común. Pero en focusing puedes tratarte con suavidad. Tómate de la mano y di: «Está bien, no vamos a forzarte a que vayas a ningún lugar que no quieras ir. Si tienes miedo de ese sitio, mantendremos la distancia. Nos quedaremos aquí mismo y veremos qué es ese miedo. ¿Está bien? ¿Cómo se siente este miedo desde aquí?».

O podrías decirte: «Tengo miedo de enfocar eso. Probablemente es algo desagradable ahí dentro que no quiero mirar. De acuerdo... espera... si no quiero entrar en eso no lo voy a hacer. Pero tampoco retrocederé. Me quedaré aquí mismo, donde no quiero enfocar, y miraré: ¿qué es este sentimiento de no querer? Miedo. Bien, tan solo vamos a quedarnos aquí mismo, con ese "miedo". ¿Qué es este "miedo"? ¿Qué clase de "miedo" es? ¿Cuál es la sensación total de ello?».

El procedimiento de focusing se siente bien. En el momento que eso no ocurra, vuelve un poco hacia atrás y mira qué es lo que no se siente bien.

No te presiones por cruzar las barreras. En vez de eso, enfoca la primera barrera sentida. ¿Cuál es la total sensación de *ello*?

Pudiera haber sentimientos malos o amenazantes para enfocar, pero focusing, de por sí, siempre se siente bien y hace la sensación menos mala o amenazante. Cuando se abre, tu cuerpo se libera y, de nuevo, eso se siente mejor. Tu guía en focusing es ir hacia esas maneras de sentirte mejor, localizando y abriendo, liberando, aire fresco. Te sentirás mejor, sea lo que sea que encuentres dentro de ti, cuando dejas que se nombre a sí mismo y sea localizado.

Si evitas tus sensaciones

Algunas personas, incluidos psicólogos y psicólogas, piensan que hay cosas amenazantes en su interior. Esto es falso.

No hay horrores sin nombre ni estados extraños por ahí «dentro», como serpientes venenosas encerradas en una jaula. Muchas personas hablan de sí mismas de esta manera. «No quiero abrir la tapa», dicen. «No quiero dejar salir todas esas cosas malas».

La verdad es que tú no eres una caja llena de serpientes. Tú no eres ninguna clase de recipiente en el que los sentimientos se retuercen con vida propia. Tú eres un proceso, y tu sentir es parte de ese proceso.

Por ejemplo, ahí está la manera en que yo me sentía con mi padre cuando no me escuchaba, un sentimiento de impotente ira. ¿Acaso no es el mismo sentimiento que tenía, y que tengo ahora, y que puedo tener cada vez que yo lo traiga a mí? Sí, pero yo nunca soy *solo* este sentimiento. Yo soy un cuerpo completo. Por lo tanto, este sentimiento que llamo «ira impotente» viene junto a otras mil cosas. Cada vez que esta sensación vuelve a mí, tiene consigo una totalidad diferente.

Cuando, en focusing, pido a mi cuerpo que me permita tener más de lo que hay en esa completa sensación, la manera misma en la que me relaciono conmigo cambia la totalidad. La amabilidad propia del proceso de focusing cambia mucho de los contornos en los que ahora se produce esa sensación. Mi recuerdo de mi sensación infantil no cambiará, pero la manera en que todo mi cuerpo produce este sentimiento será diferente. Y esa es una manera de entender por qué focusing permite al cuerpo cambiar lo que ha estado durante largo tiempo bloqueado y sin cambiar en nuestro interior.

Esto quiere decir que no hay necesidad de tener miedo de lo que hay dentro, porque no hay cosas dentro nuestro. Más bien, nuestras sensaciones son nuevamente producidas en cada momento.

Si demasiadas sensaciones vienen demasiado deprisa

A algunas personas focusing les resulta difícil porque les vienen demasiadas sensaciones y demasiado rápido. Para estas personas focusing es un *ir más despacio*. Les digo: «Toma una cualquiera, párala y estate con ella».

A veces ayuda cuando les digo: «Bien, ahí tienes todo ese maremágnum de sensaciones, ahora deja que esté todo, y permítete deslizarte tranquilamente por debajo de todas ellas, como si solo hubiera una sensación bajo todas ellas. Mira si puedes conseguir esa sensación debajo de todas ellas». Silencio... entonces...: «Oh sí, me siento (por ejemplo) herida». «Bien, ahí tienes», digo. «Mira realmente qué es esa herida, toda esa sensación de herida».

«Hazte cargo», les digo. «Arrójalas todas afuera y luego deja que vengan una a una. Primero, quítatelas todas. Simplemente siéntate, mira alrededor de la habitación, y échalas todas afuera. Tómate un descanso. Luego deja que venga una sensación, solamente una».

Si tu crítico te hace sentir mal

Todo el mundo tiene un «crítico», una voz antipática que viene y dice algo como: «Cualquier cosa que hagas no funcionará»; o: «No eres buena persona. No vales nada, nadie te querría cerca»; o: «Te equivocaste de nuevo, siempre lo haces. Esta es otra más de un largo etcétera»; o: «Eres débil, sin coraje, eso eres tú».

A veces esa voz utilizará información cierta, pero, aun así, su tono de voz es tan desagradable que sabes que es una voz crítica destructiva atacándote.

Es muy importante darse cuenta de que el crítico es diferente de tu propia fuente interna. El crítico *no* es tu propio felt sense hablándote desde dentro. Más bien, es como una voz que te viene desde el exterior o desde encima de tu cabeza. Te señala con el dedo, como un padre enfadado o un profesor malvado.

Naturalmente genera sentimientos en ti, pero esos no son sentimientos para enfocar. Son solo constricciones y tensiones cerradas a presión que el crítico genera en ti. *No respetes a tu crítico.* El crítico no es tu conciencia. La conciencia es una «todavía pequeña voz» interior. Tú mismo puedes evaluar cualquier información mucho mejor si primero echas al crítico fuera, al pasillo, a esperar. Tu propia sensación viene de dentro de ti y siempre se siente como una apertura, una ausencia de constricciones. Tal vez encuentres los mismos datos o no. De todas maneras, es una clase completamente distinta de experiencia corporal para enfocar.

La mejor manera de vérselas con el crítico (¡todo el mundo tiene uno!) es despedirlo con algún comentario irrespetuoso. El mío, habitualmente dice las mismas cosas una y otra vez. Así que yo le digo: «Vete y vuelve cuando tengas algo nuevo que decir».

O digo: «No tengo por qué escuchar a nadie que me habla en ese tono».

Todos los psicólogos y todas las psicólogas han encontrado esta parte destructiva de cada persona y le han dado diferentes nombres (superego, padre malo, hostilidad, crítico). Como quiera que lo llames, no te dejes engañar por él. En focusing, tienes que quitártelo de encima cuando interrumpe. Despídelo con tu mano y pon tu atención en el cuerpo. Deja que la constricción que ha generado el crítico se desvanezca. Espera hasta que estés de nuevo sintiendo tu propia fuente interna, donde se forma el felt sense de la globalidad del problema.

Una persona lo expresó bastante bien: «Solía provocarme un ruido sordo, un golpe en la barriga. Era la señal para sentirme detestable. Ahora es una señal para enfadarme. Es como si alguien me diera un puntapié. "¡Deja de hacer eso!"» (ella levanta sus puños).

No creas a tu crítico ni enfoques en lo mal que te hace sentir. En lugar de eso, averigua, por debajo, lo que realmente sientes y percibes, y necesitas. Trabaja ahí abajo donde sientes y necesitas cosas, y no solamente con tu crítico.

«Voy directamente a mi mala sensación y me siento mal como siempre»

Algunas personas, a pesar de haber recibido cuidadosas y precisas instrucciones de focusing, las omiten todas y van directamente a sus malas sensaciones habituales. Están acostumbradas a volverse hacia una sola mala sensación interna, cada vez que se vuelven hacia dentro. Así pues, empiezan a enfocar y allí está.

Después de dar las instrucciones de focusing en un grupo, a menudo pido a cada persona que me escriba una nota con cualquier dificultad que hayan encontrado intentando enfocar. Una mujer escribió: «Cuando llegué aquí me sentía bien, enfoqué en mi mala sensación, y ahora me siento mal. ¿Para esto es focusing?».

Claro, si esto es focusing, ¿quién lo necesita? Esto no es focusing. Focusing implica dejar que se forme un felt sense, algo más amplio y diferente que tu antigua y conocida mala sensación. Mantente fuera de ese viejo y familiar sumidero, retírate y aprecia un sentir más amplio de la globalidad del área problemática del que la mala sensación es parte.

Por ejemplo, no recuerdes solo tu herida por las relaciones amorosas que se acaban de romper. Más bien, retírate y pide que se forme el felt sense, la sensación de toda el área: tú y el amar. Sí, sí, ahí está la herida, pero ¿qué más hay ahí? ¿Cuál es la total sensación alrededor y debajo de ella?

Seguro, tú conoces tu particular lugar deprimido. Incluso podría haber una succión atrayéndote hacia dentro de ello, pero no te hundas. Pregúntate cómo se siente toda esa área de tu vida, y te encontrarás fuera de la emoción, y vendrá un felt sense por *debajo* de ella.

Por extraño que parezca, focusing es *más ligero* que las emociones pesadas. A veces, en focusing vienen emociones pesadas, pero un felt sense siempre es más llevadero que las emociones.

Grandes pasiones, celos locos, resentimientos desgarradores, grandes sufrimientos, a veces son patrones originados por pequeñas sensaciones que apenas has percibido. Enfoca esa «pequeña» sensación que la originó, especialmente si la pasión fuerte es una que ya has sentido y perseguido muchas veces.

Cuando la gente oye hablar por primera vez de focusing, a veces asumen que necesitarían toda una tarde libre para ello a fin de tener emociones abrumadoras y hacerse añicos en privado durante un rato. Focusing no es así. El felt sense de la globalidad de la cosa se siente *más ligero* que lo que ya estás sintiendo. Puedes enfocar mientras estás esperando al autobús. Solo mira que hay entre ti y el estar bien. No entres *en* ello, solo di: «Sí, eso está ahí...» y siente el alivio que viene de hacerle espacio. Después, si se necesita trabajar sobre un problema, ¡hazte con todo el felt sense de ello! «¿Cómo se siente tener eso allí ahora?». Para cuando subas al autobús te sentirás mucho mejor. Los pocos minutos que hay entre las cosas son buenos para focusing. ¿Para qué cargar con tus tensiones por ahí todo el día?

Focusing lleva unos pocos minutos, diez, quince, digamos hasta media hora. No más. Luego es el momento de hablar, descansar, hacer otra cosa. No des vueltas a las cosas. Volverás más tarde. Entretanto, el cuerpo lo procesará.

La emoción frente al felt sense: esta distinción es vital

A medida que enfocas en un felt sense puede que vengan más emociones de ello. Pero un felt sense no es una emoción, como la ira, el miedo, el odio, la alegría o la ansiedad. Es una sensación de tu situación emocional *total*, un sentir de muchas cosas juntas, en la que una emoción puede estar incrustada o de la que se produce una emoción.

9

Si no puedes hacer que nada cambie

El cambio corporal sucede más frecuentemente en el tercer, cuarto y quinto movimiento de focusing. El tercer movimiento, como recordarás, es aquel en el que consigues un asidero, y en el cuarto vas y vienes resonando entre el felt sense y el asidero. En el quinto preguntas al felt sense qué es (¿Qué de todo el problema genera esto?). (En mucha gente, como he dicho, los tres movimientos tienen lugar simultáneamente o en una sucesión tan rápida que no hay manera de separarlos). Si sientes bloqueo en estos movimientos, o no consigues entrar en ellos de ninguna manera, este capítulo te ofrecerá ayuda.

Un deliberado dejar ir

Entre las actitudes de la gente hacia *sus* sensaciones hay dos extremos opuestos que casi nunca producen resultados útiles. Uno es la actitud de extremo control: intentar que la cabeza domine al cuerpo, insistiendo en que no cederás en esto, ni te detendrás por aquello. El otro extremo es no querer dirigir o controlar nunca las sensaciones, como si todo pareciera artificial excepto flotar, dejar vagar las imágenes, dejando las sensaciones ir y venir.

Cualquiera de los extremos puede impedir que tengas un cambio corporal. Focusing es un proceso deliberado, controlado hasta cierto punto, y luego hay una igualmente deliberada relajación de control, un dejar ir, un soltar las riendas.

La misma palabra «focusing» sugiere que estás intentando hacer nítido lo que es al principio vago. Andas a tientas en un felt sense y controlas el proceso para prevenir que vayas a la deriva. «Quiero saber acerca de *esta* sensación, no de otras ahora mismo», te dices. «¿De qué trata esta sensación?, ¿qué hay en ella?, ¿qué hay debajo de ella?». Si te encuentras a la deriva, refrénate dentro de ti: «¿Dónde estaba?, Ah... sí, estaba en aquel asunto de culpa, o lo que sea. ¿De qué va todo eso?».

Una vez que has contactado con un felt sense clara y fuertemente, suelta las riendas. No intentes controlar lo que venga de ello. *Deja* que lo que venga del felt sense venga: palabras, imágenes, sensaciones físicas, mientras venga *de* este felt sense.

El proceso podría llamarse «un deliberado dejar ir».

Dejar al cuerpo realmente cambiar

Cuando aprendes por primera vez focusing, las respuestas corporales pueden ser muy leves. Cuando viene algo que está realmente bien hay un apenas perceptible «ajá» en tu cuerpo. Aprende a dejar que tu cuerpo experimente un cambio mayor. Prueba a realizar una profunda y larga espiración (como en varios ejemplos de este libro en los que he escrito «ufff»). Prueba a afirmar con tu cabeza. Prueba a relajar todo tu cuerpo como si hubieras estado sentado o sentada rígidamente. Este cambio te permite ablandarte. Si haces esto adrede varias veces, tu cuerpo aprenderá a expresarse más libremente. Luego no lo vuelvas a hacer adrede, mira qué otros movimientos corporales expresivos vienen por sí mismos.

Como ejemplo piensa en una niña pequeña que está muy asustada. Se pone de pie petrificada y solo mueve los ojos. Te acercas y le dices: «¿Estás asustada cariño?», y afirma con un leve movimiento de cabeza.

En este ejemplo, sabes que todavía no se ha producido ningún cambio en el cuerpo de esta niña. Lo que quieres es decirle otra vez: «¿Asustada, cariño? Está bien que sientas lo que sientes. Vamos a ver qué podemos hacer. ¿Ha sido el miedo?». Entonces, la niña puede prácticamente rendirse en tus brazos, diciendo: «Sí, *de verdad* ha sido aterrador».

Por supuesto, no siempre se da un gran cambio sentido; a veces un pequeño paso tiene solo un leve efecto corporal. Pero, a veces, viene un efecto mayor, si no te conformas demasiado rápidamente con el casi imperceptible «sí» en tu cuerpo y sigues preguntándole.

Cuando viene algo que tu cuerpo siente como correcto, compruébalo de nuevo varias veces, no tanto porque pueda estar equivocado, sino para dejar que suceda un cambio corporal mayor.

Algunas preguntas desencadenantes

Cuando has contactado con un felt sense pero no has conseguido que se mueva, el problema puede ser que todavía no te has formulado la pregunta abierta correcta. A veces las sensaciones responderán a una pregunta formulada de una cierta manera, pero no a la misma pregunta formulada de distinta manera. Una pregunta que, en un momento dado, haga cambiar las cosas dentro de mí, puede no tener efecto en otro momento. Así, puede ayudarte el experimentar con varias formulaciones hasta que encuentres una o unas pocas que funcionan para ti.

En la lista que figura más abajo están las preguntas que parecen funcionar más frecuentemente para la mayoría de la gente:

- «¿Qué es esto realmente?». Eso es en esencia lo que estás intentando averiguar, pero la pregunta puede estar formulada de manera demasiado general, demasiado vaga. Estas preguntas son más específicas:
- «¿Cuál es el meollo de esto?».
- «¿Qué es lo peor de esto?», o: «¿Cuáles son las dos o tres cosas que me preocupan más de esto?».
- «¿Qué hay en el fondo de ello?».
- «¿Qué hay debajo de esto?», «¿qué lo está generando?».
- «¿Qué es necesario que me ocurra en relación a esto?».
- «¿Qué necesitaría esto para sentirse mejor?».

Date cuenta de que hay dos clases básicas de preguntas: las que preguntan qué está mal, y las que preguntan qué estaría bien. Otra manera de decirlo: podemos preguntar sobre lo que ha sido el problema, o podemos preguntar sobre lo que se necesita que suceda y aún no ha sucedido.

A veces, es muy importante hacer preguntas del tipo «hacia adelante».

Por ejemplo, supón que a menudo sientes soledad y aislamiento. Cuando enfocas, a menudo viene ese sentimiento. Tiene bastante sentido enfocar en lo que es el total felt sense que viene con «aislado». Puedes averiguar de qué manera te aíslas, o acerca de qué otras cosas bastante diferentes se trata realmente. Pero, en un momento dado, será importante también preguntar al felt sense: «¿Qué haría falta para no sentirse así?», o alguna pregunta de este tipo.

Busca los pasos de vida hacia adelante y no solo lo que ha sido el problema.

Cuando el asidero se ajusta, pero luego te bloqueas

Has tomado contacto con el felt sense global de un problema y has preguntado por la cualidad de ello. Ha venido un asidero: «Tengo miedo». Buscando dar otro paso, has preguntado qué hay debajo de ese miedo, qué lo está generando. Pero no viene nada. Todo lo que puedes sentir es: «Estoy asustada», una y otra vez. Estás bloqueada. ¿Qué puedes hacer?

Tu problema puede ser que te hayas quedado bloqueada con una etiqueta identificativa, como mencioné en el capítulo anterior. Estás mirando la palabra «asustada», o lo que fuera, como si ella dijera todo lo que necesita ser dicho. O estás trabada con «asustada» como solo esa emoción. Deja que se ensanche a un felt sense. ¿De qué otra sensación mayor viene este «miedo»? Existe un vasto número de maneras de sentir que pueden venir junto con «miedo». Percibe toda esta masa de sensaciones que viene con *este* miedo.

O intenta un nuevo comienzo. Aléjate del problema. Seguirá allí, no te preocupes. Tómate un descanso, tómate un respiro. Después considera el problema como más ancho y más profundo que el mero «asustada». Hazte a la idea de que probablemente tiene que ver con mucho más de tu vida, tu pasado, tu futuro, otras personas, y así. Es toda una parte de tu vida, un contexto global. ¿Cuál es la sensación global que hay en tu cuerpo cuando piensas en todo eso?

O intenta preguntar: «¿Por qué estoy asustada?». Y de nuevo no contestes. Sigue repitiendo la pregunta y mientras la dices, trata de tener el sentir completo de lo que va con este particular «asustada». «¿Cuáles son sus cualidades únicas?». Siéntelo dentro de ti, y mira qué nuevas palabras frescas vienen de ello. «Estoy asustada... y hay una clase de soledad con ello, como si yo fuera: ¡Sí!, así es como me siento! Es como si me hubieran dejado perdida y sola en un gran lugar terrible y todo el mundo se hubiera marchado, y nunca habrá nadie para ayudarme...».

Usando imágenes

Otra manera de obtener un cambio corporal cuando te bloqueas es dejar que se forme una imagen. Muchas personas tienen vívidas imágenes y otras muchas no. Pero cualquiera puede formar una imagen cotidiana, incluso con los ojos abiertos. Inténtalo: imagínate ahora el cuarto donde duermes y donde está la cama. ¿Cómo llegas de la cama a la puerta? Puedes formar una imagen de eso aun cuando estés leyendo.

En este mismo espacio interior puedes pedir que se forme una imagen de una sensación. Espera hasta que surja. La imagen expresará un felt sense. Puede ser que veas un bosque, por ejemplo, una figura, una tormenta, un muro, o a ti corriendo.

Cuando tengas la imagen mira cómo te hace sentir A menudo solo teniendo una imagen algo cambiará. Tanto si sucede como si no, pregúntate: «¿Qué me hace sentir ahora esta imagen?». Probablemente te dará un paso.

Buscando la respuesta al final del libro

Si no puedes conseguir un cambio corporal, hay un método diferente que permite que tu cuerpo experimente cómo sería si el problema estuviera resuelto. Pregunta a tu cuerpo: «¿Cómo se sentiría, en mi cuerpo, si esta dificultad, de alguna manera, estuviera completamente resuelta?». Si esperas unos pocos segundos sentirás el cambio en tu cuerpo.

Cuando haces esto, también ayuda dejar que tu cuerpo cambie externamente si quiere hacerlo. Quizás tu cuerpo quiera sentarse con la cabeza erguida, o quizás quiera relajarse y exhalar, o moverse de alguna otra forma que le venga bien.

Al transitar este proceso, dejas que tu cuerpo te dé a probar cómo sería sentirse bien. Cuando consigues esa buena sensación, guárdala. Mira lo que aprendes de ello. Después de un rato dite: «Puedo sentirme así todo el tiempo». Entonces espera. Si algo nuevo viene de dentro de ti y dice: «No, perdona, tú no puedes sentirte así todo el tiempo», pregunta a ese «algo» qué es.

Esto es muy parecido a buscar prematuramente la solución del problema de matemáticas al final del libro. Sabes cómo es la solución, pero no cómo dar los pasos. Pero conocer la solución te ayuda a trabajar a la inversa. Te permite preguntarte qué se está interponiendo en el camino, qué debes cambiar para tener la respuesta. Trabajar a la inversa desde la solución te da los pasos que no podrías encontrar a partir del problema.

Así es con esta forma de focusing. Dejas que el cuerpo sienta su respuesta. No solo se siente bienestar en el momento de hacerlo, sino que te permite preguntar: «Bien, ¿qué está impidiendo sentirme de *esta* manera?».

Ese «obstáculo» puede ser una nueva apertura. Pero para usarla, debes fingir por un momento (sabiendo que no, por supuesto) que realmente todo el problema está resuelto y tú permanecerás en este buen estado de mente-cuerpo.

Algunas personas, cuando preguntan qué hay en el camino, vuelven directamente a donde estaban, a la manera en la que dejaron el problema. No hagas eso. Quédate y finge que todo está resuelto hasta que venga un *nuevo* «¿qué dice que no es así?». Puedes hacer eso agarrándote a la buena sensación, igual a como te agarrarías a la respuesta del final del libro mientras tratas de dar, a la inversa, los pasos desde ella.

Considera un ejemplo tomado de las últimas etapas del focusing de alguien:

> «Me siento con este mal sentimiento un rato, pero no cambia. Sé lo que es, pero no importa. Lo que importa es que no puedo cambiarlo. Así que hice esto. "¿Cómo se sentiría tu cuerpo si todo ello estuviera resuelto?". Y obtuve: "¡Caramba! ¡Sería libre!". Y mi cuerpo como que se sentó hacia adelante y mi sangre circuló más y sentí

ganas de mover mis hombros, como si estuviera marchando hacia el mundo. Era una sensación agradable. Entonces dije: "Bien, ¿puedo quedarme así?". Y vino y dijo: "No". Y yo dije: "Bien, ¿por qué no?". Y enseguida sentí esa especial manera de sentir miedo.

Estuvo realmente bien enfocar aquella especial clase de miedo, en vez de la mala sensación bloqueada anterior.

Ese particular miedo resultó ser muy raro. No tenía miedo de nada corriente. Tenía miedo de vivir, como si rompiese algo si saliera fuera, como si viviera en una tienda de porcelana china, así, así es la manera en la que he estado...».

Contactando

Haz un «sitio» del que puedas irte y al que puedas volver. Un lugar doloroso puede no cambiar inmediatamente. Quizás tengas que contactar con su borde sentido varias veces durante el resto del día, y quizás durante varios días. Hazlo brevemente y suavemente: «¿Puedo aún sentir todo aquello?... Ah, ahí está. ¿Algo nuevo?... Ah, todavía lo mismo. Bien». Esto lleva solo un minuto. Finalmente encontrarás un paso o un cambio allí.

No digas: «Tiene que ser...»

Quiero prevenirte una vez más contra el analizar, inferir, «resolver». Esto puede evitar que nada se mueva. Todas las personas pensamos que sabemos mucho acerca de nuestros problemas. Exigimos mucho a nuestros cuerpos, tratamos de forzarnos en esta o aquella dirección, guiados por una lista de cualidades admiradas quizá aprendidas en el catecismo o por listas de objetivos loables aceptados por determinados grupos sociales. No escuchamos suficientemente a nuestros cuerpos, y este defecto puede surgir aún en medio de un proceso de focusing.

Puedes formar un felt sense global de un problema, luego buscar a tientas su núcleo y encontrarlo y sentirte bien por un segundo o dos. Pero entonces el viejo hábito de analizar puede tomar el control. «Oh, claro, sé de qué va esto», te oyes decir. «Tiene que ser…».

Cada vez que oigas frases como «tiene que ser…», abandónalas. Estás simplemente haciendo lo que la mayoría de las personas hacen a lo largo de sus vidas: tratando de decirte qué está mal. Recuerda la importancia de la actitud interna de «preguntar» más bien que de «explicar». No te cuentes nada. Pregunta, espera, y deja que tu cuerpo responda.

Tu efectividad en focusing y las recompensas que te irá dando mejorarán con la práctica. Con el tiempo no necesitarás pensar conscientemente en ninguna de esas reglas de resolución de problemas. Ni, como he dicho, necesitarás pensar en el proceso de focusing como un ejercicio de seis pasos. Se convertirá en un acto fácil y natural como el andar.

Y, si se lo permites, se convertirá en una parte de tu vida diaria. Te encontrarás usándolo no solo en tiempos de estrés, sino como una ayuda en la solución de todos los problemas de la vida. Aprende a confiar en la guía de tu cuerpo.

Tercera parte

PERSONAS EN AYUDA RECÍPROCA

10

Encontrar riqueza en las demás personas

¿Cuántas personas conoces realmente? ¿Tu esposo o tu esposa? ¿Tu mejor amigo o tu mejor amiga? ¿Tus padres? Es probable que, en realidad, ni siquiera conozcas a estas personas. Claro, seguramente sabes lo que harían en determinadas circunstancias. Lo que siempre dicen y lo que probablemente seguirán diciendo. Con toda probabilidad, puedes imaginarte la siguiente conversación que vayáis a tener, y lo que diréis. Casi llegarás a tener razón, pero sin apertura de la experiencia interna.

¿Quién te comprende realmente a *ti*? ¿Quién quiere oír lo que *tú* sientes? La mayoría de las personas contestarán: «Nadie». Algunos dirán: «Tal persona desearía oírlo, pero en realidad no puede comprenderme». Muy pocas personas tienen a alguien con quien compartir una experiencia interior y aun entonces, solo hasta cierto punto. Incluso tú: ¿no has dejado ciertos lugares oscuros en tu interior, sin saber siquiera *por qué* les tienes miedo, o cómo entrarías en ellos? El que estos lugares sean tan enormemente desconocidos y ocultos nos hace sentirnos un tanto irreales, como si existiéramos solo para nosotros o para nosotras mismas y, tal vez, ni eso siquiera.

Descubrimos que, si la escucha y el focusing son compartidos, las personas pueden llegar a conocerse unas a otras más profundamente en unas pocas horas que lo que la mayoría se conoce en años.

El contacto es una necesidad humana. El contacto se establece cuando percibimos nuestra impronta en otras personas y a la inversa. El contacto, sin conocernos realmente unas personas a otras (y a nosotras y nosotros mismos a través de las demás), es limitado. Podemos acurrucarnos para entrar en calor, para conseguir un poco de consuelo, pero demasiada privacidad enfatiza nuestro aislamiento, incluso al acurrucarnos en compañía.

Un auténtico vernos y conocernos solo puede conseguirse con focusing y escucha; una experiencia interna se abre. Y si no se abre no puede ser vista ni compartida; permanece encerrada en su mudo ser-a-medias.

La mayoría de las personas viven sin expresar su riqueza interior. Mucho de lo que las personas hacen es rutina estandarizada, «roles». Algunas veces están vivas en sus roles, pero más frecuentemente no lo están. Más a menudo, las personas tienen que limitarse, retirarse, contener la respiración hasta más tarde. Para muchas personas apenas hay un «más tarde» y sus seres interiores se tornan silenciosos y casi desaparecen. Se preguntan si, dentro, hay algo para ellas.

Incluso cuando empezamos una relación, mucho de ello es la misma cosa: más roles y rutinas. Cuando estas se rompen, nos sentimos unas personas acabadas y destrozadas, porque, sin ellas, volvemos a sentir soledad.

Aun cuando nuestras relaciones sean «buenas», la mayor parte de ellas acontece en silencio o diciendo al conducir: «¡Oh, mira ese letrero allí…!».

Tampoco son mejores los tiempos de «apertura». Generalmente, es cuestión de los mismos rotos y doloridos sentimientos expresados una y otra vez. Dos personas cercanas tienden a tener los mismos sentimientos un año tras otro. El «hablar abiertamente» significa decir y oír las mismas frases hechas desde los mismos sitios bloqueados.

Este capítulo y el siguiente te enseñarán algunas formas de ayudar a relaciones cerradas o bloqueadas, por medio del focusing y de la *escucha*.

Primero, prueba los pasos presentados aquí con alguien diferente a la persona que te es más cercana. No siempre es necesario que sea la misma persona. Al principio, es más fácil conseguir la experiencia de contacto y profundidad con personas que no son las más importantes para ti.

Ciertamente, tú quieres experimentar a los seres humanos en su realidad interior. Y, viceversa, tú quieres experimentar la realidad de ser una persona vista, acogida y sentida de verdad por otra persona tal y como realmente eres.

Todos conocemos personas con las que es mejor no compartir nada que nos importe de veras. Si hemos experimentado algo divertido y se lo contamos a esas personas, casi parecerá aburrido. Si tenemos un secreto, lo guardaremos con cuidado, lejos de esas personas, seguro en nuestro interior, sin contarlo. De esa forma, no se desfigurará ni perderá todo el significado que le otorgamos.

Pero si eres una persona afortunada, conoces a alguien con quien te sucede todo lo contrario. Si cuentas a esa persona algo divertido, se hace más divertido. Una gran historia se expandirá, te encontrarás contándola con más detalles, hallando la riqueza de todos los elementos, más que cuando pensaste en ella a solas. Sea lo que fuere lo que te importe, lo guardas hasta podérselo contar a esa persona.

El focusing y la escucha son así: como hablar con una persona que consigue que tu experiencia se expanda. En focusing tú tienes que ser esa persona dentro de ti. Y también puedes ser así con los demás, y enseñarles a ser así contigo.

Por supuesto, con frecuencia querrás enfocar a solas. Pero pruébalo también con otra persona.

Supongamos que quieres que un amigo o una amiga te escuche durante y después del enfoque, y después ayudarle a que enfoque, siendo tú la persona que escucha. Tal vez quieras enfocar antes de acercarte a esa persona, solo con el fin de averiguar cuáles son tus sentimientos.

Si sientes que la relación es cercana y fácil, que hay espacio para hablar de asuntos personales profundamente sentidos, quizá puedes encontrar y decir algo así: «Acabo de leer este libro, que trata de una manera de solucionar problemas personales que tiene buena pinta. Dice que es más fácil hacerlo con otra persona que a solas. Dividamos la hora siguiente: la mitad para ti y la mitad para mí. Pienso que nos gustará probarlo. Pensé pedírtelo a ti porque descubrí que [por ejemplo] no te tengo miedo, mientras que tengo demasiado miedo de decir cualquier cosa de mí a la mayoría de las personas».

Puedes remarcar que la mayor parte de ello puede hacerse en silencio. Es importante explicar que a las personas se les pide que digan de sí mismas solo tanto cuanto deseen decir. Quien quiera que esté enfocando o hablando está al cargo. El que escucha, espera tranquilamente mientras la otra persona va adentrándose silenciosamente en lo que siente. Si explicas el proceso a un amigo o a una amiga de esta manera, no parecerá difícil.

Es posible, allí mismo, pedir a la persona que te preste atención durante cinco minutos y que *no diga nada.* Entonces enfoca. Cuando experimentes un cambio, espera unos momentos y di alguna cosa general como: «Tenía una mala sensación y justo ahora sentí que se aliviaba y veo cuál era el problema». Después, calla durante otro minuto o así. Enfoca hasta llegar a un buen sitio para parar. Incorpórate y comenta (si es cierto) que el enfoque fue más fácil así que a solas. Luego, pregunta si la persona quiere enfocar mientras tú escuchas.

Ahora, un hecho sorprendente: focusing es más fácil con otra persona presente, aun cuando la que enfoca y la que escucha no digan nada *en absoluto.*

Generalmente, cuando pido a alguien por primera vez que me preste atención y compañía mientras enfoco, tengo que explicar que no voy a hablar mucho. Les pregunto si les parece bien. «Oh...», dicen, y se vuelven para coger un periódico o un libro. Entonces, tengo que explicar que necesito que enfoquen su atención en mí, aun cuando no esté entreteniéndoles con historias. Al principio, se les hace difícil creer que esto pueda ayudar, o que yo pudiera querer semejante cosa. Pero las personas que saben enfocar, también conocen este hecho extraño, y están encantadas tanto de prestar atención como de recibirla.

Sucede con bastante naturalidad. Por ejemplo, es corriente un intercambio como este:

> –Siento irritación y me siento de mal humor, y tengo que hacer este trabajo esta noche, y no tengo ganas de hacerlo. Es que no puedo forzarme a comenzar.
> –Bien, ¿puedes ir más abajo hacia donde está y mirar de qué se trata?
> –Si hago eso durante un rato, ¿te parece bien?

–Sí, está bien.

–Bien. –Hay un largo silencio mientras la persona enfoca. Después:

–Ufff... Me siento mejor. Encontré lo que es.

–¿Estás bien ahora o todavía no del todo?

–Creo que está bien por ahora. ¡Gracias! ¿Cómo estás *tú*?

Quizás te sorprenda saber que este intercambio realmente sucedió ¡durante una llamada telefónica entre Chicago y Nueva York! A ninguna de las personas le pareció extraño en lo más mínimo el tomarse cinco minutos a larga distancia para estar con el silencio de focusing.

En el ejemplo anterior, la persona que enfocaba prefirió no hablar durante el focusing. Pero esto no tiene que ser necesariamente así. Como ya hemos visto, en muchas sesiones de focusing se puede hablar algo. Más a menudo, es antes o después de un enfoque silencioso cuando las personas pueden desear hablar largo y tendido.

Ahora vamos a hablar sobre cómo se llega a ser una persona que escucha bien. Parece más sencillo de lo que es. De hecho, pocas personas saben escuchar bien, y este juicio incluye a la mayoría de psicoterapeutas, asistentes sociales, profesorado, profesionales de la orientación vocacional, y otras personas cuyas profesiones debieran requerirles que escuchen bien. Confío que el «Manual para la escucha» que sigue, será también leído y estudiado por profesionales y personas que no estén en profesiones de «escuchar».

Encontrarás de ayuda leer los dos, tanto este como el «Manual de Focusing», en voz alta, con otra persona o un grupo. Aunque yo participé en el proceso de escribir los manuales, todavía me ayuda cuando alguien me los lee a mí.

11

Manual para la escucha[1]

Aquí se exponen cuatro modos de ayudar, usados en diferentes momentos para diferentes propósitos. Asegúrate de que dominas el primero antes de intentar los otros. Una vez que los aprendas y se vuelvan parte de tu forma de tratar con las personas, te encontrarás usando cada uno de ellos en las situaciones apropiadas a cada uno.

El primer modo de ayudar: ayudar a otra persona a enfocar mientras habla

A. El escuchar absoluto[2]

Si reservas un período de tiempo en el que solamente escuchas, e indicas solo si estás entendiendo o no, descubrirás un hecho sorprendente. Las personas pueden decirte mucho más y también hallar más dentro de sí mismas de lo que jamás pueda suceder en los diálogos ordinarios.

Si solo usas expresiones como: «Sí», o «Ya veo», o «Oh sí, ciertamente puedo ver cómo te sientes», o «Te

[1] El «Manual para la escucha» fue escrito con Mary Hendricks, con la ayuda de Allan Rohlfs y otras personas.

[2] El método del reflejo («*saying back*») fue descubierto por Carl Rogers.

perdí, ¿puedes decir eso de nuevo, por favor?», verás desplegarse un profundo proceso.

En las conversaciones ordinarias casi siempre nos impedimos mutuamente llegar muy adentro. Nuestros consejos, reacciones, palabras de ánimo o de consuelo y bien intencionados comentarios realmente impiden que las personas se sientan comprendidas. Prueba a escuchar cuidadosamente a alguien sin poner nada de tu parte. Te asombrarás.

Traslada de forma precisa a la persona a la que acompañas cuándo la estás entendiendo y cuándo no. Inmediatamente serás alguien que escucha bien. Pero tienes que sincerarte e indicar cuando dejas de seguirla. («¿Puedes decir eso de otra manera? No lo he captado»).

De todas maneras, ayuda mucho más si tú, la persona que escucha, *reflejas* los puntos principales de la otra persona, paso a paso, a medida que los entiendes. Yo llamo a esto el *escuchar absoluto.*

Nunca introduzcas temas que la otra persona no expresó. Nunca impongas tus propias interpretaciones. Nunca mezcles tus propias ideas.

Solo hay dos razones para hablar mientras se escucha: mostrar que entiendes exactamente devolviendo lo que la otra persona haya dicho o querido decir, o pedir repetición o clarificación.

Para mostrar que comprendes exactamente

Haz una o dos frases que expresen el significado personal que esta persona *quería transmitir*. Esto normalmente será en tus propias palabras, pero usa las propias palabras de esa persona para las cosas más delicadas e importantes.

Las personas necesitan oírte hablar. Necesitan oír que entendiste cada paso. Construye una o dos frases para cada punto importante que dicen, para cada cosa que están tratando de querer transmitir. (Generalmente esto será más o menos cada cinco o diez frases suyas). No te limites a «dejarles hablar» sin más, sino conectándote con cada cosa que sientan, sea tanto buena como mala.

No intentes arreglarlo, cambiarlo o mejorarlo. Trata de entender el núcleo de la cuestión exactamente en la manera en que lo dicen y lo sienten.

A veces, lo que las personas dicen es complicado. No puedes entender lo que dicen ni lo que significa para ellas, todo a la vez. Primero, forma una o dos frases sobre el núcleo de lo que dijeron. Compruébalo con ellas. Déjalas que la corrijan o añadan algo si quieren. Recíbelo y repite lo que hayan cambiado o añadido, hasta que estén de acuerdo en que lo has recogido tal y como lo sienten. Luego formula otra frase para expresar lo que significa para ellas o cómo lo sienten.

Ejemplo: Supongamos que una mujer te ha estado contando una intrincada serie de sucesos, lo que algunas personas le hicieron y cómo y cuándo la «criticaron».

Primero, dirías una o más frases para poner en palabras el núcleo de lo que dijo tal y como ella lo ve. Entonces ella corrige algo de cómo lo has dicho para expresarlo más exactamente. Tú entonces repites sus correcciones: «Oh, así que no fue que todos ellos hicieron eso, sino que todos ellos *se pusieron de acuerdo* para ello». Entonces puede ser que añada algunas pocas cosas más, las cuales de nuevo recogerás y repetirás más o menos como ella las dijo. Luego, cuando lo tengas perfectamente bien, formulas otra frase sobre el significado personal o sentimiento que todo el asunto tiene: «Y lo que realmente está mal acerca de ello es que te hizo sentirte menospreciada».

Si no entiendes lo que la persona está diciendo, o te confundes o te pierdes

Hay una manera de pedir repetición o clarificación. No digas: «No entendí nada». Más bien, toma cualquier parte que hayas entendido, aunque fuera muy vaga, o solo el comienzo, y úsalo para pedir más:

«Comprendo que esto es importante para ti, pero aún no lo capto...».

No digas un montón de cosas de las que no tienes seguridad que la persona quiso decir. La persona tendrá que malgastar mucho tiempo explicando por qué lo que tú dijiste no se ajusta. En lugar de eso, di solo lo que con seguridad oíste y pídeles que repitan el resto.

Repite de vuelta *punto por punto* lo que la persona te dice. No dejes que te diga más de lo que puedes retener y devolver. Interrumpe, refleja y deja que siga.

Cómo sabes cuándo estás haciéndolo bien

Lo sabes cuando las personas se adentran más en sus problemas. Por ejemplo, la persona puede decir: «No, no es así, es más como...eh...» y entonces puede adentrarse más y ver cómo se siente realmente. Lo has hecho bien. Tus palabras pueden haber estado equivocadas, o sonar equivocadas a la persona, aun siendo muy cercanas a lo que dijo un momento antes. Pero lo que importa es que tus palabras la llevaron a sentir más adentro del problema, por lo que tus palabras tuvieron el resultado correcto. Cualquier cosa que la persona diga *después*, *tómala* y refléjala. Es un paso más adelante.

O la persona puede sentarse silenciosamente, satisfecha de que entiendes todo hasta ese momento.

O puede mostrar un alivio, un relajarse, un «Sí, eso es lo que es» de todo el cuerpo, una respiración profunda, un suspiro. Tales momentos ocurren de vez en cuando, y después de ellos vienen nuevos y adicionales pasos.

También puedes darte cuenta de que está yendo bien por otros signos sutiles de relajación que vienen de ser bien escuchada; la sensación que experimentamos cuando hemos estado intentando decir algo y finalmente lo hacemos: la sensación de que ya no tenemos que decir eso de nuevo. Mientras la persona está exponiendo una idea, o parte de una, hay una tensión, un contener la respiración, la cual puede permanecer durante varios intercambios. Cuando el núcleo ha sido finalmente dicho, entendido exactamente y respondido, hay una relajación, como un exhalar el aliento. La persona ya no tiene que retener la cosa en su cuerpo por más tiempo. Entonces algo más puede venir. (Es importante aceptar el silencio que puede venir aquí durante lo que parece mucho tiempo, incluso un minuto o así. La persona que enfoca tiene ahora la paz interna para dejar que otra cosa surja. *No destruyas la paz hablando innecesariamente*).

Cómo sabes que lo has hecho mal y qué hacer acerca de ello

Si casi dice la misma cosa otra vez, quiere decir que la persona siente que todavía no lo has comprendido. Mira cómo difieren las palabras de la persona que enfoca de las tuyas. Si nada se siente diferente, entonces dilo de nuevo y añade: «¿Pero eso no es todo, o eso no es así, de alguna manera?».

Mientras respondes, la cara de la persona que enfoca puede ponerse tirante, tensa, confundida. Esto muestra que está intentando entender lo que estás diciendo. Así pues, debes estar haciéndolo mal, añadiendo algo o no comprendiéndolo bien. Para y pide de nuevo a la persona que diga cómo es.

Si la persona que enfoca cambia de tema (especialmente a algo menos significativo o menos personal), eso quiere decir que él o ella se han dado por vencidos en hacerte entender bien el lado más personal del asunto. Puedes interrumpir y decir algo como: «Estoy aún con lo que estabas intentando decir acerca de... y sé que no lo entendí bien, pero quiero hacerlo». Luego di solo la parte de la que sientes seguridad y pide a la persona que siga adelante a partir de ahí.

Más pronto o más tarde lo entenderás bien. *No importa cuándo*. Puede ser al tercer o cuarto intento. Las personas pueden adentrarse mejor en sus sensaciones cuando quien escucha está recibiendo o intentando recibir cada cosa exactamente como ellas la están viviendo, sin añadidos o elaboraciones. Hay una centralidad que es fácil de reconocer al poco tiempo. Como un tren sobre la vía. Es fácil saber cuándo has descarrilado. Todo se para. Si eso sucede, vuelve atrás al último punto que estaba en una vía sólida en el interior, y pide a la persona que siga desde ahí.

Si te resulta difícil aceptar a alguien con cualidades desagradables, piensa en esa persona como luchando contra esas cualidades en su interior. Generalmente es fácil aceptar a la persona interna que está luchando contra esas mismas cualidades. A medida que escuches, descubrirás a esa persona.

Al principio, cuando practiques la escucha, asegúrate de repetir casi palabra por palabra lo que la persona diga. Esto te ayuda a ver cuán difícil es entender lo que la persona está tratando de decir, sin añadir, arreglar ni poner nada tuyo en ello.

Cuando seas capaz de hacer eso, entonces devuelve solo el núcleo, lo más relevante y las palabras que expresan sentimientos.

Para hacerlo más fácil, párate por un segundo y siente tu propio enredo de sentimientos, tensiones y expectativas. Luego despeja este espacio. Desde este espacio abierto puedes escuchar. Te sentirás alerta y probablemente con una ligera animación. ¿Qué *dirá* la otra persona en este espacio de espera que solo existe para que se hable en él?

Raras veces un espacio así es ofrecido a alguien por otra persona. Las personas casi nunca van más allá de sí mismas lo suficiente para realmente escuchar a las otras.

B. Ayudar a que se forme un felt sense

Es posible que una persona enfoque un poco entre una comunicación y la siguiente. Habiendo explicado un punto, y siendo comprendida, la persona puede enfocar antes de decir la siguiente cosa.

La mayoría de las personas no hacen eso. Van de un punto a otro solo hablando.

¿Cómo puedes ayudar a que las personas se detengan y tengan un felt sense de lo que acaban de decir?

Este es el segundo movimiento de focusing. Encontrar el felt sense es como decirte: «Eso, ahí mismo, *eso* es lo que está confuso», y *luego sentirlo allí.*

La persona que enfoca debe mantenerse callada, no solo hacia afuera, sino también dentro, para que pueda formarse el felt sense. Puede llevar hasta un minuto.

Algunas personas hablan todo el tiempo, tanto en voz alta como para ellas mismas, en su interior. Entonces nada directamente sentido puede formarse, y todo permanece en una dolorosa masa de confusión y tensión.

Cuando un felt sense se forma, la persona que enfoca siente alivio. Es como si toda la mala sensación se concentrara en un sitio, justo ahí, y todo el resto del cuerpo se siente más libre.

Una vez que un felt sense se forma, la persona puede relacionarse con ello. Pueden preguntar qué hay en ello, pueden sentir alrededor y dentro de ello.

Cuándo ayudar a las personas a que permitan que se forme un felt sense

Cuando las personas han dicho todo lo que pueden decir con claridad, y de ahí en adelante es confuso, o es un lío tenso no resuelto, y no saben cómo seguir.

Cuando hay un cierto lugar en el que tú sientes que se podría profundizar más.

Cuando las personas dan vueltas a un tema y nunca descienden hacia las sensaciones de ello. Pueden empezar a decir cosas que evidentemente son personales y significativas, pero luego pasan a otra cosa. No te dicen nada significativo, pero parece que quieren. En esta situación tan común, puedes interrumpir a la persona que enfoca y suavemente señalar el camino para entrar en niveles más profundos de sensación.

PERSONA QUE ENFOCA: «No he estado haciendo otra cosa que cuidar de Karen desde que volvió del hospital. No he estado conmigo en absoluto. Y ahora que tengo tiempo solo quiero salir corriendo y hacer otra tarea».

PERSONA QUE ESCUCHA: «No has podido estar contigo desde hace mucho tiempo, y aun ahora que puedes, no lo haces».

PERSONA QUE ENFOCA: «Ella necesita esto y aquello y no importa lo que haga por ella, no es suficiente. Toda su familia es así. Me enfurece. Su padre era también así, cuando estaba enfermo, lo cual duró años. Siempre son negativos y gruñones los unos con los otros».

PERSONA QUE ESCUCHA: «Te enfurece la manera de ser de ella, la manera de ser de ellos».

PERSONA QUE ENFOCA: «Sí, siento enfado. Y con razón. Es un clima malo. Vivir en un clima malo. Siempre gris. Siempre contra algo. El otro día, cuando yo…».

PERSONA QUE ESCUCHA (interrumpe): «Espera. Quédate un minuto con tu sentimiento de enfado. Solamente siéntelo por un minuto. Mira a ver qué más hay ahí adentro. No pienses nada…».

Cómo ayudar a que se forme un felt sense

Hay una gradación sobre cuánta ayuda necesitan las personas para contactar con un felt sense. Haz siempre lo mínimo al principio y solo haz más si eso no funciona.

Algunas personas no necesitan más ayuda que tu voluntad para permanecer en silencio. Si no hablas todo el rato, si no las detienes o las desvías, sentirán dentro lo que necesiten sentir. No interrumpas un silencio por lo menos durante un minuto. Una vez que hayas respondido y comprobado lo que has dicho y que lo hayas captado exactamente bien, quédate en silencio.

Puede que la persona necesite de ti una frase o algo así, para hacer una pausa en la que el felt sense pueda formarse. Tal frase puede ser simplemente repetir lentamente la palabra o frase más importante que has dicho ya. Podría apuntar de nuevo a ese lugar. Así, en el ejemplo anterior tú podías haber dicho lenta y enfáticamente: «Realmente sientes enfado». Luego te quedarías en silencio. La total sensación de la persona de todo lo que conlleva sentir enfado debiera formarse.

Sea lo que sea que las personas digan después de tu intento de ayudar a que formen un felt sense, repite el núcleo de ello. No te preocupes si no puedes crear inmediatamente el período silencioso más profundo que sientes que se necesita. Puedes intentarlo de nuevo en breve. Acompaña aquello que surja, aun cuando la persona que enfoca se haya desviado momentáneamente del camino.

Si después de muchos intentos las personas todavía no se adentran de manera sentida en algo, entonces puedes decirles más directamente que lo hagan. Di explícitamente: «Siéntate con ello durante un minuto y siéntelo más a fondo». También puedes darles todas o algunas de las instrucciones de focusing.

Puedes formularles una pregunta. Diles que se hagan esta pregunta internamente, preguntando no a la cabeza sino a sus entrañas: «Permanece en silencio y no contestes la pregunta con palabras. Solo espera con la pregunta hasta que algo venga de tu sentir».

Tales preguntas generalmente son mejores si son preguntas abiertas. «¿Qué *es* realmente esto?» «¿Qué es lo que mantiene esto así?».

Otro tipo de preguntas se refieren a «todo el asunto»: «¿Dónde estoy realmente enganchado en todo este asunto?». Úsalo cuando todo esté confuso o cuando la persona que enfoca no sepa cómo empezar.

Si la persona que enfoca ha dejado que se forme un felt sense pero todavía está bloqueada, puede ayudar el preguntar: «¿Cómo sería de diferente si todo estuviera bien? ¿Cómo debería ser todo esto?». Di a la persona que sienta ese estado ideal por un momento y luego pregunta: «¿Qué está impidiendo eso?». La persona que enfoca no debería intentar responder a la pregunta, pero debería conseguir tener la sensación de lo que se interpone.

Todas estas opciones requieren que la persona que enfoca pare de hablar, tanto en voz alta como para adentro. Permitir *que lo que está allí venga* en vez de hacerlo voluntariamente.

Solo pregunta: «¿Dónde está todavía bloqueada mi vida?». Si no respondes con palabras, esto te dará rápidamente el felt sense del problema.

Otra estrategia: coge las dos o tres cosas más importantes que haya dicho la persona que enfoca si sientes que van juntas en una idea. Luego di a la persona: «Cuando diga lo que voy a decir, no me digas nada a mí, ni a ti. Solo siente lo que viene». Entonces di las dos o tres cosas, en una o dos palabras cada una.

Estos caminos también pueden ayudar cuando una persona no quiere decir algo privado o doloroso. La persona que enfoca puede trabajar en ello sin realmente decirte lo que es. Puedes escuchar y ayudar sin saber de qué se trata, más allá del hecho de que duela o desconcierte de alguna manera.

Cómo puedes saber cuándo no está funcionando

Cuando las personas te miran directamente a los ojos, entonces es que todavía no están enfocando dentro de sí mismas. Di: «No puedes entrar en ello mientras me estás mirando. Simplemente deja que me quede aquí en el asiento mientras te metes dentro de ti».

Si las personas hablan inmediatamente después de que les pidas que se estén calladas, no han enfocado todavía. Primero, devuélveles el núcleo de lo que se ha dicho y luego pide a la persona que enfoca que contacte con el felt sense de ello. Si has trabajado duro en ello y no ha sucedido nada útil, déjalo estar durante unos 15 minutos e inténtalo de nuevo.

Si después de un silencio, la persona sale con explicaciones y especulaciones, pregunta cómo se *siente* ese problema. No critiques a la persona por analizar. Capta lo que dice la persona y sigue apuntando al felt sense de ello.

Si las personas dicen que no pueden dejar que la sensación venga porque están demasiado inquietas o tensas, se sienten vacías o desmotivadas, o están esforzándose demasiado, pídeles que enfoquen en *eso*. Pueden preguntarse a ellas mismas (y no responder con palabras): «¿Qué es esta sensación de estar inquieta?» «... o tensa?» «... o vacía?» «... o de "esforzarme demasiado"?».

Cómo saber cuándo la persona tiene un felt sense

Una persona tiene un felt sense cuando puede sentir más de lo que entiende, cuando lo que hay es más que palabras y pensamientos, cuando algo está definitivamente vivenciado, pero no es todavía claro, no se ha abierto o no se ha liberado todavía.

Sabrás que la persona que enfoca tiene un felt sense y se está refiriendo a ello cuando anda a tientas y evidentemente tiene algo que no está expresado todavía en palabras.

Cualquier cosa que venga de esta manera debería ser bienvenida. Es el siguiente paso del organismo. Tómalo y refléjalo tal y como la persona lo dijo.

Aquello que viene directamente del propio felt sense se siente bien. Cambia las sensaciones, libera el cuerpo ligeramente. Incluso si no gusta lo que viene, se siente bien. Es alentador cuando suceden cosas más allá del simple hablar. Da una sensación de proceso, liberando lugares bloqueados.

Este es el concepto clave en este proceso de escuchar, responder y referirse a las sensaciones de las personas exactamente como *ellas* las sienten. Está basado en el hecho de que sensaciones y problemas no son solo conceptos o ideas: son corporales. Por lo tanto, el asunto de ayudar no es nunca solo especular o explicar. Tiene que haber un proceso físico de dar pasos hacia donde el problema es sentido en el cuerpo. Tal proceso tiene lugar cuando una persona que sabe escuchar responde a la parte personal, sentida, de cualquier cosa dicha, tal y como la persona lo siente, sin añadir nada. El movimiento y el cambio sentidos suceden cuando a una persona se le da la paz que permita que la sensación corporal de un problema pueda estar, ser sentida, y se mueva hacia su propio paso siguiente.

La persona que enfoca puede hacer esto sola, pero la presencia y respuesta de otra persona tiene un poderoso efecto de ayuda.

El segundo modo de ayudar: usar tus propias sensaciones y reacciones acerca de la otra persona

Hay maneras de hacer algo más que escuchar, pero ¡no son «más» si las haces sin escuchar!

En esta sección te enseñaré cómo probar muchas otras cosas, pero de una manera que siempre tengan como base la escucha.

Prueba alguna de ellas, de una en una, y después vuelve a escuchar durante un rato.

Cómo expresar tu reacción

Sea lo que fuere que digas o hagas, observa la cara de la persona y responde a cómo tu intervención afecta a la persona. Si no lo puedes ver, pregunta. Incluso si lo que dices es estúpido u ofensivo, funcionará bien si luego preguntas a la persona y repites de vuelta cualquiera que fuere su reacción. Vuelve a escuchar inmediatamente después de expresar tu propia reacción.

Haz que tus frases sean preguntas, no conclusiones. Y dirige tus preguntas a las sensaciones de las personas, no solo a sus ideas. Invita a las personas a adentrarse en sí mismas y mirar si sienten algo como lo que tú dices u otra cosa. Nunca *sabes* lo que sienten. Tú solo preguntas y ayudas a que esas personas se pregunten a sí mismas. Puedes decir: «No pretendo decir que *yo* sepa. Siéntelo y mira. ¿Es así?, o ¿cómo es exactamente?».

Observa que la persona tiene que sentir lo que hay allí para contestar a tu pregunta, cuando la formulas de este modo.

Deja ir fácilmente tu idea tan pronto como veas que lleva a discusiones o especulaciones, o que simplemente no se adentra más en nada directamente sentido. Si piensas que es buena, puedes decirla dos veces, pero después, abandónala. Puedes traerla más tarde. (Puede ser que tengas razón, pero puede que alguna otra cosa tenga que venir primero).

Asegúrate de que haya tramos de tiempo en los que hagas escucha total. Si interrumpes constantemente con tus ideas y reacciones, el proceso básico de focusing no puede seguir. Debería haber diez o quince minutos seguidos en los que solo escucharas. Si la persona se está adentrando en su problema de manera sentida, habla menos; si la persona está bloqueada, habla más.

Deja que el proceso de la persona vaya hacia adelante si parece que quiere moverse de cierta manera. No insistas en que se mueva hacia lo que *tú* sientes que debería ser lo siguiente.

Si la persona trata de enseñarte a que estés de cierta manera, estate así durante un rato. Por ejemplo, algunas personas pueden expresar una necesidad de que estés más en silencio o hablando más, o de acompañarlas de una determinada manera. Hazlo. Siempre puedes volver a tu modo preferido más tarde. Las personas frecuentemente nos enseñan cómo ayudarles.

Si te das cuenta de que has desviado el proceso y ahora es confuso, retorna el proceso al último punto donde la persona que enfoca estaba en contacto con sus sensaciones. Di: «Me estabas diciendo… sigue desde ahí».

Observa la cara y el cuerpo de la persona, y si ves que está sucediendo algo, pregunta acerca de ello. Las reacciones no verbales son con frecuencia buenas señales para pedir a las personas que las incluyan en un felt sense.

Por ejemplo, la persona que enfoca puede decir: «Eso sucedió, pero me siento bien acerca de ello». Tú respondes: «Te sientes bien acerca de ello de alguna manera. Pero veo también, por la manera en que tu pie da golpecitos, y por tu aspecto, que algo podría no estar bien. ¿Es así?».

No necesitas preocuparte por si aciertas o no cuando sientes algo. Si sientes algo, entonces hay *algo*, pero puede que no aciertes respecto de *qué* es. Así pues, pregunta.

Con frecuencia verás la cara de la persona que enfoca reaccionando a lo que estés diciendo o haciendo. Pregunta acerca de eso también.

No te preocupes si a la persona no le gusta lo que estás haciendo. Puedes cambiarlo, o, a lo mejor, no necesitas hacerlo. Dale espacio a la persona para tener reacciones negativas hacia ti, y escucha y refleja lo que son.

No te quedes siempre con las palabras que la persona está diciendo. ¿Suena enfadada la voz? ¿Desmotivada? ¿Insistente? ¿Hay un repentino parón en ello? ¿En *qué forma* fueron dichas las palabras? Pregunta: «Pareces sentir enfado. ¿Es así?». Y si la respuesta es sí, pregunta de qué se trata. Si la persona que enfoca no va más allá, pregunta: «¿Puedes sentir qué es ese enfado?».

Puedes usar tus propias reacciones sentidas respecto a lo que está pasando para percibir más claramente lo que está pasando con la otra persona o entre tú y ella. Si sientes aburrimiento, molestia, impaciencia, enfado, vergüenza o excitación, o te sientes de alguna manera que destaca, eso indica algo. Enfoca lo que está en ti. Si sientes aburrimiento, puedes encontrar que es porque la persona no está ahondando en nada significativo. Entonces puedes preguntar: «¿Estás adentrándote en lo que realmente quieres adentrarte?». Si sientes enfado, ¿qué está haciendo la persona para enfadarte? Cuando lo averigües, puedes decirlo. Por ejemplo: «¿Estás quizás dejándome fuera porque has desistido de que pueda ayudarte? ¿Es así?».

Permítete tener cualesquiera sensaciones mientras estás trabajando con alguien. Déjalas ser tan desagradables y tan honestas como sean. De esa manera puedes ser libre en tu interior para atender a lo que está sucediendo en ti. A menudo, eso indica lo que está sucediendo con la otra persona o entre los dos.

Si tienes una idea de lo que alguien está sintiendo al poner juntos un montón de razonamientos teóricos o una larga lista de indirectas, no pases el tiempo explicando todo esto a la otra persona. Limítate a preguntar si la persona puede encontrar la sensación que tú dedujiste.

Puedes expresar cualquier presentimiento o idea en forma de pregunta. Algunas veces puedes añadir otra posibilidad para asegurar que la persona que enfoca sepa que no es una conclusión, sino una invitación a mirar dentro del sentimiento mismo. «¿Es como si tuvieras miedo… o quizás, vergüenza? ¿Cómo lo sientes?». Después escucha.

En lo restante de este apartado sobre el segundo modo de ayudar, ofrezco muchas reacciones que puedes utilizar para ayudar a alguien. No necesitas leerlas y comprenderlas todas ahora mismo. Puedes consultarlas cuando se te dé bien la escucha y quieras probar más ideas. Por ahora, probablemente deberías seguir adelante hacia el tercer modo de ayudar.

Algunas preguntas para crear movimiento

Con frecuencia vale la pena (aunque no siempre es posible) preguntar si la vida sexual de la persona que enfoca es buena. Si no lo es, podría ayudar el ver si las necesidades sexuales son sentidas como aterradoras o como algo malo. También podría ayudar el hablar sobre lo que se interpone en el camino de una buena vida sexual, además de sobre cómo cambiar situaciones o meterse en nuevas. (Algunas personas pueden encontrar estas preguntas entrometidas o tontas. No preguntes a menos que tengas la seguridad de que la persona que enfoca va a aceptar tus preguntas).

A menudo, estados «enloquecidos» están relacionados con la situación vital de la persona. Si tu relación con ella es tal que una pregunta sobre asuntos privados no le va a resultar chocante o entrometida, o si la persona habla mucho sobre cosas extrañas o alucinantes, intenta preguntar si la persona tiene amistades, trabajo, lugares donde ir, sexualidad. La persona puede enfocar estos asuntos contándote o no todos los detalles.

Las sensaciones son internas y las «relaciones» externas. Pero el interior y el exterior están siempre relacionados, y una persona que sabe escuchar puede ayudar a una persona que enfoca y que está preocupada en encontrar pasos para cambiar también el exterior.

Puedes preguntar a las personas, en referencia a cualquier cosa mala con la que estén desconcertadas o luchando: «¿Cómo es esa cosa mala de algún modo buena, útil o sensata?». Esta es una pregunta compleja y profunda, que puede ir precedida de algo como esto: «Ninguna cosa mala en una persona, es *del todo* mala. Si está ahí, tiene o puede tener algún aspecto razonable o útil al que tenemos que escuchar. Si encontramos para qué es buena la cosa, entonces puede liberarse. Así pues, ofrécele una escucha amigable y atiende a lo que dice, por qué tiene sentido». La cuestión es ayudar a la persona que enfoca a dejar de luchar contra pautas indeseadas el tiempo suficiente como para permitir que se abran, y pueda salir el aspecto positivo en ellas.

A menudo un estado interno conflictivo nos protege de otros problemas dolorosos. Si podemos ver de qué cosa dolorosa nos está protegiendo, podremos, a veces, protegernos mucho mejor de lo que lo pueda hacer ese algo.

A veces, el problema de alguien reside en la lucha contra lo que el cuerpo siente. Si permites que la manera en que sientes simplemente sea, entonces puede salir de ello un siguiente paso positivo –uno que tú no podrías inventar ni forzar–.

A veces ayuda preguntar a una persona que tiene pensamientos suicidas: «¿Estás pensando en cometer suicidio *contra* alguien? ¿Contra *quién*?» (Con esto quiero decir cometer suicidio para hacer daño a alguien). Puede ser que la persona que enfoca lo sepa enseguida, y que el enfoque cambie a donde se necesita: esa relación. Puede ayudar también decir que la otra persona en esa relación probablemente no entenderá el intento de suicidio de la persona que enfoca mejor de lo que nunca entendió cualquier otra cosa.

A veces, si la persona está enfadada, merece la pena preguntar: «¿Estás herida por algo?».

A veces puedes preguntar: «¿Sientes que *nunca* puedes conseguir lo que necesitas?». (Si es así, deja que la persona que enfoca se adentre en lo que eso es). Algunas de las reacciones más frenéticas y aparentemente destructivas de las personas son realmente una lucha de afirmación de la vida contra alguna parte en ellas que prohíbe que ocurra, alguna vez, lo que necesitan. Entonces la cuestión es cambiar el foco hacia esta suposición o prohibición que, de alguna manera, tiene que ser falsa. ¿Qué es lo que dice y por qué?

Si una sensación permanece allí, una y otra vez, puedes pedir a la persona «intercambiar roles»[3] con la sensación. La persona se levanta, afloja el cuerpo y se prepara como para representar un papel en el escenario. El papel es *ser* la sensación. «Espera... siéntelo en tu cuerpo, ¿qué te haría esta sensación a ti?, ¿cómo actuaría, qué diría, cómo se levantaría o se movería? Espera y mira qué viene a tu cuerpo».

A veces emergen espontáneamente expresiones corporales, llantos, o se gritan ciertas palabras. Cuando eso haya

[3] El método de «intercambio de roles» fue inventado por Fritz Perls. Aquí está aplicado en un modo focusing.

terminado de suceder, es importante encontrar y enfocar el felt sense del que salen esas «descargas» expresivas.

Algunas sugerencias para orientar a las personas en una dirección de avance

Ayuda afirmar a las personas que está bien que tengan sus sensaciones, por lo menos el tiempo suficiente para sentir lo que son. Lo mismo es cierto respecto a las necesidades, deseos, maneras de ver las cosas. Como hemos visto, hay varias razones por las que las personas se mantienen alejadas de sus sensaciones. Entre ellas: el temor de que la mala sensación lleve a actos destructivos.

Si alguien tiene miedo de las sensaciones y los sentimientos, puedes decir:

> «Las sensaciones y las acciones no son la misma cosa. Puedes permitirte sentir lo que quiera que sientas. Y luego todavía puedes decidir qué escoges *hacer*».
>
> «Está bien necesitar. Intentar no tener una necesidad que de hecho tienes trae un montón de problemas. Incluso si no puedes cubrirla, no luches contra ella».
>
> «Focusing no es un simple revolcarse en lo que sientes. No te hundas en ello, estate cerca. Permítete sentir lo que haya allí y cuenta con que se abra».
>
> «Los estados extraños son diferentes de las sensaciones. Ayuda el salirse de ellos hacia la vida y las situaciones ordinarias. Los estados extraños puede que no se alivien al adentrarte más en ellos. ¿Qué es lo que en tu vida está haciendo que las cosas vayan mal? ¿Qué ocurre si te miras hacia delante para vivir en vez de echarte para atrás?».

Si la persona se siente, de repente, extraña o irreal, tómalo con calma. Tómate un pequeño descanso. Dile a la persona que mire alrededor de la habitación, lleva la atención de la persona hacia lo ordinario. Después continúa.

Pero *tú* no deberías decidir si la persona que enfoca debe entrar, o salir, de algo. La persona que enfoca debe decidir. Puede querer tu compañía para probar algunos pensamientos extraños –o puede que no–.

«Para cambiar algo o hacer algo que ha sido demasiado difícil, tenemos que encontrar un primer pequeño paso que realmente puedas dar. ¿Qué paso sería?». Sugiere pequeños primeros pasos si a la persona que enfoca no se le ocurre ninguno, pero no te detengas en ninguno a menos que sea recibido con la alegría de que ese primer paso es posible. «¿Puedes hacer una lista de lugares a donde ir para conocer personas nuevas? Como primer paso, haz una lista».

Algunas personas están tan preocupadas con lo que alguna otra persona pueda pensar que necesitan ayuda para llegar a lo que ellas mismas piensan y sienten.

«Pon a un lado por un minuto lo que *la gente* piensa y lo que han dicho, y permítete ver lo que sientes *tú* acerca de ello, cómo lo ves *tú*».

Trato con personas muy problematizadas

Puedes hablar de ti, de tu día, cualquier cosa que te apetezca decir. No siempre necesitas tratar de meterte en los problemas de la otra persona. Por supuesto, si la persona que enfoca está hablando de ellos, o parece querer hablar, entonces no deberías negarte a escuchar. La persona debe saber que tú la escucharías. Pero habrá ocasiones en las que será un alivio para la persona problematizada saber que sencillamente puedes hablar de otras cosas.

También son útiles el silencio, los momentos tranquilos. Está bien tenderse en la hierba, dar un paseo, sin ninguna tensión por esperar a que se diga algo.

Incluso puedes conseguir que personas muy problematizadas hablen (o hagan) algo sobre alguna cosa en la que son competentes, por ejemplo, coser o música. Esto las ayuda a sentirse bien por un rato y te permite responder positivamente y por una buena razón a una persona competente.

Es frecuente que después de tales momentos, después de haber sido capaz de estar contigo sin más, una persona pueda sentir ganas de llevarte a algunas áreas que son inquietantes.

Si la persona habla mucho acerca de una extraña materia que no puedes entender y luego dice dos o tres cosas que tienen sentido, sigue con esas y repítelas muchas veces[4]. Son tu punto de contacto. Está bien seguir volviendo a esas frases, con silencio u otros temas de por medio, por espacio de una hora.

Si la persona dice cosas que no pueden ser ciertas, responde al sentimiento más que a los hechos distorsionados o a las mentiras. Por ejemplo, «Los marcianos se llevaron todo lo que tenía…». Aquí puedes tener el sentir. Di: «¿Alguien se llevó lo que era tuyo?».

---

[4] Este método de «reiteración» fue desarrollado por Garry Prouty.

Otras maneras de ayudar

Supongamos que un hombre te pide algo que no le puedes dar. Puede que tengas que rehusar la petición, pero puedes decirle que te alegras de que esté en contacto con lo que necesita. Dile que te alegras de que se sienta libre de pedirlo. Esto es especialmente así si la necesidad está en la dirección de la vida y del desarrollo de la persona, si él puede por primera vez permitirse querer o pedir cercanía o tiempo contigo.

Cuando una persona actúa hacia ti de una manera que es obviamente destructiva o contraproducente (y tú piensas que no es extraño que a mucha gente no le guste esa persona), hay varias cosas que puedes hacer:

1. Puedes decir cómo te hace sentirte eso.
2. Puedes fijarte en lo que la persona está haciendo y preguntarte cómo se siente eso por dentro. Déjalo vago, no definido. Si lo llamas «agresivo», «manipulador», «perezoso», «victimista», «controlador», o cualquier otra etiqueta condenatoria, solo das una visión externa. Dentro de la persona que enfoca es algo más complejo. Así, siente curiosidad acerca de lo que esto sea, aunque desde tu perspectiva externa puedas darle un nombre claramente desaprobatorio.
3. Si percibes lo que podría ser un buen impulso de vida en esta mala manera de actuar entonces responde a ese impulso de vida. Muchas malas maneras son malas solo porque lo correcto se queda *a medias* en vez de hacerse completa y libremente. Si respondes a la mitad que sí *está* sucediendo, le permites que suceda más. Responder a la mitad

> que falta no es de tanta ayuda. Ejemplo. Alguien está quejándose en plan víctima. No sería de ayuda decir: «¿Por qué siempre lloriqueas y te presentas tan débil? ¿Por qué no te defiendes y dices lo que quieres?». Es de más ayuda responder a la mitad positiva de esto que está tratando que suceda y decir: «Estás diciendo lo que necesitas de las personas y poniendo fin a lo que han estado haciendo».

Algunos procesos saludables que mejoran la vida son: hacerte cargo de ti; defender tu manera de ver las cosas; echar una mano a alguien; tratar de hacer algo que no has sido capaz de hacer durante algún tiempo; explorar; preguntarte acerca de ti mismo; procurar conocer gente; la sexualidad; un sentido de significado cósmico o misterio; buscar paz, permitir que alguien te vea; intentar algo nuevo; hacerte cargo de una situación; decir a la gente cómo necesitas que sean; actuar con honestidad; tener esperanza; negarte a claudicar; ser capaz de pedir ayuda. Todos estos son buenos impulsos de vida.

Nadie debería depender solamente de ti. Deja que la persona se relacione con otras personas que conoces, o invita a alguien más que venga a ayudar, si la persona no tiene a quien recurrir.

La persona debería estar presente cuando quienes están intentando ayudarla hablan sobre ella. Es duro expresarte con claridad delante de alguien a quien estás tratando de ayudar, pero ya hemos visto por qué debes hacerlo.

Las necesidades de ayuda de una persona en relación al trabajo, a un lugar para vivir, etc., deberían ser parte de lo que constituye la ayuda. La ayuda tiene que ver con las necesidades, sean las que fueren. No es de utilidad separar los problemas «psicológicos» del resto. En la vida de la persona no están separados.

El tercer modo de ayudar: interacción

Hasta ahora, o bien estabas reflejando las sensaciones y sentimientos de la otra persona (el primer modo), o bien estabas comunicando tus propias sensaciones e ideas acerca de las de la otra persona (el segundo). Hasta ahora se trataba de ayudar a la otra persona. Ahora vamos a *tus* sentimientos. Esta sección es tanto para ti como para ayudar a la otra persona. Idealmente, tanto tú como la otra persona podéis beneficiaros por igual.

Cuando estamos con otras personas, nuestros sentimientos, a menudo, son acerca de esas otras personas. Y, sin embargo, son nuestros propios sentimientos. A menudo sentimos ganas de culpar a la otra persona por nuestros sentimientos:

> «Siento que estás muy a la defensiva».
> «Siento que me estás manipulando».
> «Siento enfado porque siempre me interrumpes».
> «Siento decepción porque no te sientes mejor»

En estos ejemplos expresamos nuestros sentimientos diciendo que la otra persona no es buena, se porta mal o que es la causa de nuestros sentimientos. Para expresar nuestros sentimientos de una forma más útil debemos *enfocar* en ellos y estar en contacto con lo que está en *nuestro interior.* Estos sentimientos seguirán estando relacionados con lo que la otra persona hizo, pero serán estrictamente nuestros sentimientos y no la responsabilidad de la otra persona. Por ejemplo:

> «Siempre me es difícil mantener el hilo de pensamientos, o seguir sintiendo que merece la pena decirlo. Entonces, cuando me interrumpes, tocas mi punto débil. Me pongo de tal manera que no puedo hacer espacio en mí para decirte las cosas. Por eso me enfada».
>
> «Me resulta motivador ser de gran ayuda para las personas. Supongo que siento decepción porque no te sientas mejor. También me preocupo por ti, pero veo que mi decepción es algo mío. Necesito ser el "gran ayudador"».

Cómo expresarte

A partir de un momento dado de interacción puedes adentrarte en la otra persona o en ti mismo. Por ejemplo: supongamos que estás con una mujer que ha hecho algo para disgustarte. Partiendo de aquí, puedes ir a lo que hizo y cómo es ella y por qué lo hizo. O puedes ir a cómo eres tú y cómo te molesta eso que hizo.

No hagas lo primero. Deja eso para la otra persona. Haz lo segundo: muévete desde ese fragmento de interacción a tus propios sentimientos. Mira por qué eso te afectó y compártelo.

Es duro para las personas oírte decir lo que está equivocado en ellas. Es fácil escucharte decir lo que está equivocado en ti, o lo que, en cierto modo, es vulnerable, está disgustado o inseguro. Evita hacer comentarios que empiecen: «Siento que tú...». Estás invadiendo el terreno de la otra persona y protegiendo el tuyo.

Compartiendo lo que está sucediendo *en ti* haces la interacción más abierta y personal. La otra persona puede entonces sentirse confortable para compartir cosas internas contigo.

No digas:

> «Tengo que expresar mis sentimientos. ¿Puedo fiarme de ti? Siento que me intimidas».

Di:

> «Me enfado y me disgusto cuando no puedo terminar lo que empecé a decir. Pierdo el hilo. Siento inseguridad acerca de si tengo algunas ideas reales».

Es esencial expresarte de manera específica. Evita generalidades. Decir que él o ella te hicieron disgustar sigue siendo un reproche a la persona. Cuando compartes solo una generalidad, eso no es un compartir real. Pero si compartes algunos detalles concretos de lo que está realmente pasando en ti, tu felt sense único de la situación, te estás mostrando tú. Puedes hallar esos detalles concretos enfocando en ese momento.

Prepárate para soportarlo si lo que compartes es ignorado. Puede ser que la otra persona no sea capaz de conectar contigo inmediatamente, puede aún hallarse en algún enfado privado o encerrada en sí misma y pudiera tardar más que tú en abrirse. Puede que la persona tenga que decir cosas desagradables una o dos veces más o reírse burlonamente. Tu apertura será evidente, pero la persona puede ser incapaz de encontrarse con ella. Así que no esperes una receptividad *inmediata* y cálida como respuesta. Si sientes inseguridad, espera hasta que lo que digas se mantenga por sí mismo, sea cual sea la reacción de la otra persona.

Es mejor decir: «Estoy furioso», que decir cosas desagradables y mostrar tu ira indirectamente. Expresar tus sentimientos directamente permite que sean compartidos.

Si sientes que las primeras palabras que te vienen te resultan duras de decir, no te pelees contigo. Espera un momento y permite que se forme otra cadena de palabras. Haz esto hasta que encuentres palabras que sientas que está bien decir. No renuncies a expresar lo que necesite expresarse.

Enfoca directamente en lo que más temes o en aquello con lo que te encuentres luchando. Si lo que la otra persona dice te produce tensión, presta atención a lo que temes de lo que está siendo dicho y a lo que ese temor signifique. Luego expresa el núcleo de lo que encuentres dentro.

A menudo trabajamos desesperadamente en la superficie de lo que sentimos, o de cómo acabamos de reaccionar, tratando de arreglarlo o transformarlo en otra cosa. Pero es fácil dejar que el verdadero sentimiento hable directamente.

Ejemplos:

«Eso hiere mis sentimientos».
«Me duele que te enfades».
«Eso me produce enfado».
«Siento rechazo».
«Siento bloqueo».

Di explícitamente las cosas encubiertas que están sucediendo en la interacción, y di cómo te sientes acerca de ellas. A menudo están sucediendo cosas que tú y la otra persona podéis sentir, pero que confiáis que no se noten.

Por ejemplo, la otra persona puede estar presionándote, y tú puede que estés evitando que se te empuje hacia algo a la vez que intentas que no se vea que te estás resistiendo. O quizás hayas hecho algo estúpido o equivocado, y pudieras estar intentando reparar algo sin reconocer ese error, tratando de que parezca algo distinto de lo que fue.

Cuando cosas así han ocurrido realmente, decirlas hace que se desbloqueen. No decirlas mantiene la interacción bloqueada.

Habla sobre ello si es que hiciste algo y ahora desearías no haberlo hecho. Podría parecer demasiado tarde, pero nunca es demasiado tarde para desbloquear la interacción.

Ejemplos:

«Ha sido una estupidez haberme enfadado y haber gritado».

«Hace un rato tú dijiste... y yo dije sí. Fui demasiado cobarde para decir no. Tenía miedo de discutirlo contigo».

Lo que se percibe como imposible de enfrentar, a menudo ofrece una especial oportunidad para unirte más a alguna persona.

Si no está sucediendo nada y tú deseas que suceda algo –aun cuando parezca que no está pasando mucho en ti– enfoca. Siempre están pasando muchas cosas ahí, y algunas de ellas pertenecen a la interacción con esta persona. Exprésalas.

Cuando te están presionando demasiado para y fija un límite. Haz esto antes de que explotes o te enfades. Protege a la otra persona de lo que sucede cuando no cuidas tus necesidades. Di lo que quieres o lo que no quieres mientras todavía tengas tiempo e interés para quedarte y escuchar lo que ello significa para la otra persona.

Por ejemplo:

> «Me gusta ser de ayuda cuando me llamas, pero ahora está sucediendo demasiado frecuentemente. Así que, en vez de sentirme bien, como me he sentido hasta ahora, siento presión. Me gustaría sentirme bien acerca de tus llamadas. Si supiera que solo me llamarás dos veces por semana, sé que me gustaría de nuevo».

No estás tratando de deshacerte de la persona. Estás fijando los límites con firmeza, para que, dentro de esos límites, puedas sentirte de nuevo bien con respecto a ella.

Habiendo fijado esos límites, te quedarías a escuchar cómo se siente la otra persona respecto de ellos.

Si te sientas con una persona callada, di algo como: «Solo voy a estar aquí sentado, haciéndote compañía». Relájate. Muestra que puedes estar contigo sin necesidad de que se ocupen de ti. En semejante silencio, si es largo, tendrás muchas cadenas de sensaciones, algunas de las cuales puedes expresar (cada pocos minutos, tal vez).

No hables de sensaciones que no tienes y solo desearías tener. Di cualquier cosa valiosa que tengas. Si encuentras doloroso expresarte con honestidad, date cuenta que a las demás personas no les importa cuán buena, sabia o bella persona eres. Solo a ti te importa tanto. No es doloroso para la otra persona que tú parezcas estúpida o imperfecta.

Lo que es verdad ya lo es. Admitirlo no lo empeora. No abrirse a ello no lo hace desaparecer. Y porque es verdad, es lo que *está* ahí para interactuar con ello. Nada falso está ahí para ser vivido. Las personas pueden tolerar lo que es verdad, porque de hecho ya lo están sobrellevando.

Cuándo no expresarte

Permanece en silencio cuando las personas están enfocando o hablando sobre sus preocupaciones, o lo harían si les dieras espacio. Espera para verbalizar tu punto de vista. Las personas casi siempre pueden escucharte mejor si han sido escuchadas primero, y si antes se han puesto en contacto con donde están. Además, mientras la otra persona hace esto, puede cambiar lo que sientes sin que digas nada. Puede costar dejar a la otra persona ser la primera. Pero si la otra persona está llena de sensaciones no claras y molestas, puede que no te escuche a menos que esperes.

Si te sientes muy a disgusto y la interacción ya no es confiable, espera un momento antes de expresarte. Mientras te calmas, puedes examinar cuidadosamente tus sentimientos. También se le harán más fáciles de experimentar a la otra persona si parece claro que no te sobrepasa lo que sientes.

No te expreses inmediatamente si sientes confusión acerca de lo que sientes y solo vas a bordear tus sensaciones más profundas. Enfoca para averiguar lo que son.

Cuándo expresarte

Exprésate cuando quieras crear una relación más cercana.

O cuando, de alguna manera, estén «tergiversando tu propio estado». Por ejemplo, si la persona está dando a entender que te sientes de una manera en la que tú realmente no te sientes, habla. Luego, escucha de nuevo. Si ha habido escucha, no importa que la persona no te crea. No discutas.

Exprésate también cuando la otra persona necesite escucharte más para sentirse tranquila respecto de ti, o cuando ha malinterpretado una de tus reacciones. Di abiertamente cómo te sientes. No dejes que la otra persona trate de atribuirte lo que realmente no estabas sintiendo. Aunque te sea más fácil permanecer invisible, marginal e inaccesible, ninguna interacción es posible si lo haces así.

Cuando estás en un grupo y no sucede nada, expresa algo de ti. Esto facilita que otras personas se expresen. Dales algo personal y significativo de tu interior.

Cuando la otra persona no está abierta a relacionarse contigo, puede ayudar si tan solo expresas, libremente, algo acerca de ti. De esta manera no tienes que dejarte llevar por la energía de la otra persona.

Exprésate cuando te están idealizando. Comparte algún problema personal o alguna sensación no-tan-buena que encuentres en ti.

Exprésate cuando la otra persona se preocupe por haberte ofendido o destruido. Comunica específicamente cómo te sientes. Permite que se vea que, aunque puedas sentir dolor o disgusto, no estás destruido o destruida.

Exprésate cuando sientas que te apetece. Hay dos personas aquí. Tú tienes los mismos derechos. Puede que no siempre necesites saber por qué quieres expresarte.

El cuarto modo de ayudar: interactuar en un grupo

Lo que sigue interesa a cualquier grupo. Puede ser una reunión de trabajo o tu familia. Puede ser un grupo social o un grupo de trabajo. Puede ser un grupo específicamente formado para focusing, algo que explicaré en un próximo capítulo.

Todo el mundo hemos escuchado que los grupos deberían «procesar», considerar abiertamente, las malas sensaciones. Normalmente eso no funciona muy bien. Las personas hieren los sentimientos de las otras y en realidad no los resuelven. Todo el mundo tiene voz, pero nadie puede dar muchos pasos. Ninguna persona es realmente escuchada, ni enfoca, de manera que los sentimientos puedan *cambiar*. Y, sin embargo, esto es lo que se necesita, y puede suceder. Pero eso solamente sucede con escucha y focusing.

Focusing puede tener lugar en un grupo, por grande que sea. Alguien lee las instrucciones y todo el mundo enfoca en medio de los silencios.

Después, debería haber un momento en el que cada persona pueda decir algo. Si el grupo es grande, podría dividirse en pequeños grupos. Dividid el tiempo disponible, y tened a alguien con un reloj que señale el tiempo para cada persona. Supongamos que tenéis media hora y sois diez personas. Cada persona tiene dos minutos y medio (contando con el tiempo perdido en medio). Cuando las personas divagan, dos minutos y medio no es nada, pero si saben de antemano el tiempo que tienen, y han enfocado, puede ser más tiempo del que algunas personas usarán. Dad un minuto o dos de silencio para permitir a las personas decidir más o menos qué dirán.

El clima de grupo es agradable cuando las personas son libres de decir solo lo que desean decir y nadie critica, corrige, o añade nada. Si las personas están entrenadas en escuchar, o se está enseñando la escucha, la persona que está a la derecha puede responder desde la escucha. Si las personas no están entrenadas ni están aprendiendo a escuchar, entonces nadie debería decir nada excepto la persona a quien le toca el turno.

Cuando el grupo está teniendo problemas con alguien, o tú estás teniendo problemas con alguien, reserva un tiempo aparte y procura que algunas personas hablen con esa persona. En reuniones con pocas personas, cada una puede ser totalmente escuchada y se le puede dar suficiente tiempo. Permite que la finalidad sea el crecimiento y la honestidad de todo el mundo. Las dificultades entre las personas y dentro de las personas no impiden el trabajo y la dinámica del grupo. Si son tratadas de esta manera, mejoran el grupo. Cuando se resuelven los problemas y cada persona en el grupo experimenta crecimiento, las demás sienten entusiasmo.

Si varias personas hablan con otra que está disgustada o triste, por lo menos debería ser designada una para asegurar que aquella sea realmente escuchada. Esto ayuda a la persona a enfrentarse a comentarios perturbadores de otras del grupo.

Atribuye a otra persona algunas razones buenas o aparentemente buenas por lo que sea que resulte psicológicamente molesto o perjudicial, aun cuando sientas enfado o encuentres que la persona no está siendo razonable.

Cuando una interacción sea mala y siga siendo mala –supongamos que has estado hablando durante diez minutos y se está poniendo peor– para. Vete a la primera y segunda etapa de la escucha. Da por sentado que la otra persona está tratando de hacer algo bueno. Dilo. Trata de encontrar qué es esta cosa buena y dila. (Si no te gusta, puedes decir que no estás de acuerdo, pero que comprendes). Luego, cuando la versión de la otra persona esté aclarada u oída, di que ahora tú quieres desarrollar la tuya y hazlo. Incluso si la otra persona no quiere oírte, expón tu versión antes de terminar, o un poco después. Tal vez puedas traer a alguien que ayude a que te escuchen.

¿Por qué dedicar tu vida y tu trabajo a un grupo y luego no invertir las pocas horas que se necesitan para resolver cosas con una persona? A menudo, las personas se mantienen calladas por consideración a alguien hasta que se enfadan y quieren expulsarla definitivamente.

En un momento u otro, también tú puedes sentir desmotivación en relación al grupo, no sentirte disponible para hacer el trabajo, sentir ansiedad por si no lo estabas haciendo bien. Ayuda escuchar a la persona que está teniendo esos sentimientos hoy, incluso si hoy tú no te sientes así.

Ayuda, en un grupo, invitar a hablar a una persona que acaba de hacer movimientos o resoplidos y no ha tenido oportunidad de expresar nada.

Si una persona dice algo significativo y luego otras dicen un montón de cosas triviales o hacen preguntas irrelevantes, vuelve hacia la primera persona con una invitación a que diga más.

Cuando todo el mundo está en contra de una persona, tiene que haber alguna otra que esté más interesada en permitir que esa persona sea escuchada que en unirse al ataque. Incluso si sientes inseguridad o extrañeza en el grupo, siempre puedes expresar tu deseo de oír más de alguna persona, o que esa persona repita algo a lo que el grupo no respondió.

Hay maneras de ayudar en una interacción entre otras dos personas. Si dos o más personas están teniendo problemas, y tú no sientes demasiada implicación emocional, puedes ayudar a que cada persona sea escuchada.

En una mala interacción, normalmente ninguna persona puede escuchar a la otra muy bien. Si tú respondes a una persona como en la primera etapa de la escucha, la otra puede oírte y ver los buenos resultados del proceso. Después dirígete y responde a las sensaciones de la segunda persona. Eso permite que la primera persona escuche. (No medies ni decidas quién tiene razón acerca de algo. Guarda tu punto de vista para más tarde, o tal vez dilo deprisa y vuelve a ellas).

La mayor parte de lo que hemos dicho acerca de la escucha puede ayudar en interacciones con personas cercanas a ti. La diferencia es que tú no estás *solo* intentando ayudar; tú estás también intentando vivir y trabajar; así que da por hecho que el proceso sea más difícil y más lento. Acéptalo si no puedes hacerlo tan bien cuando existe una involucración personal. No te sorprendas si no puedes escuchar bien cuando te atacan. Basta con intentar poner en práctica estos métodos –no importa cuán lento o difícil parezca– para que a veces se pueda sacar a las personas de una atmósfera bloqueada.

Puede producirse una gran diferencia en un grupo si escuchas, enfocas y dices algo de lo que encuentras, y si algunas veces pides a otras personas que perciban y digan más de lo que están sintiendo.

Cuarta parte

FOCUSING Y SOCIEDAD

12

Nuevas relaciones

Las personas hallan riqueza las unas en las otras cuando se abren a enfocar y a escuchar.

Como resultado, las relaciones se van haciendo más plenas y sólidas. Se desarrolla un clima de aprecio. Se siente y se respeta en cada persona un esfuerzo por hacer lo adecuado.

Focusing puede ayudar a liberar relaciones bloqueadas, incluso aquellas que han estado bloqueadas largo tiempo. Consideremos, por ejemplo, el caso de Ken y Ed, dos profesores de mi universidad. Tuvieron una discusión hace casi veinte años. No se resolvió. Desde entonces, se han evitado mutuamente, excepto para las reuniones oficiales. Con frecuencia, los dos participan en decisiones que les interesan a ambos. No pueden evitar el hablarse. Su relación no está resentida, solo está bloqueada. No hacen deliberadamente nada para molestarse, tampoco nada para ayudarse.

Hace unos pocos años estuve involucrado en una de sus decisiones. Estaba sentado en el despacho de Ken mientras él ponderaba la decisión. Él sabía lo que quería, pero también suponía que Ed tendría sensaciones complicadas acerca de ello, y probablemente se opondría. Ken necesitaba el apoyo de Ed. Por lo menos, necesitaba que Ed no se opusiera activamente. Ken decidió ponerse en contacto con Ed directamente. Pero, ¿cómo lo hizo? Ken decidió ponerse en contacto *por teléfono* para hablar sobre ello, aun cuando Ed estaba en el mismo edificio. Por supuesto, nada cambió mucho.

Ellos no saben nada de focusing ni de escucha. Piensan que se conocen mutuamente y, por supuesto, en un sentido es cierto. Se han observado durante veinte años. Cada uno predice correctamente lo que el otro hará en una situación dada. Pero no saben que podría suceder un cambio si enfocaran y se escucharan. No se dan cuenta de la riqueza que subyace justo debajo de las características desagradables que cada uno sabe del otro. *No saben que puede haber movimiento en esos lugares tan bloqueados.*

Lo que normalmente les diríamos *no* sería útil. «¿Por qué sencillamente no habláis sobre ello?». Eso solo daría como resultado más malos sentimientos. Probablemente, cada uno empezaría a decir qué es lo que está mal en el otro. Si lo hicieran, solo justificarían sus propias opiniones y también justificarían su visión general de que las personas son como son y no cambian.

Pero en un proceso real de focusing y escucha los dos podrían cambiar. El cambio que se necesita en ambos no es drástico: solo es un cambio en cómo se siente cada uno acerca del otro.

Ken, por debajo de esos rasgos y hábitos que molestan a Ed, es diferente de lo que cualquiera de los dos sospecha sin focusing. Si esa calidad de textura humana pudiera emerger, ambos se sentirían diferentes.

Cuando discuten, estas dos personas repiten incesantemente sus posiciones, una y otra vez. Se ahorra mucho tiempo si tú vuelves a exponer la posición del otro: «Yo no estoy de acuerdo, pero déjame ver si comprendo lo que estás diciendo. Lo que quieres decir es...». Esto permite que la otra persona deje de repetirse y te escuche, o enfoque y mire qué más siente.

O tomemos un ejemplo de una relación más íntima. Ella quiere la libertad de tener más de un amante. Él está celoso y ansioso. Han estado bloqueados ahí durante algún tiempo.

Su interacción ha sido repetidamente algo como esto: cuando ella se sentía a gusto con él, le expresaba su amor, pero también mencionaba su necesidad de salir con otros. Él la interrogaba: ¿salir con quién?, ¿cuándo?, ¿con qué frecuencia? Ella se encerraba en el silencio y el resentimiento. Luego se bloqueaban.

Su «conocimiento» de ella llegaba hasta aquí: él se daba cuenta de que luego ella se sentía retraída, pero no entendía por qué.

Su «conocimiento» de él era en términos de su posesividad. Ella lo veía como queriendo poseerla, limitar su vida.

Por fin, después de meses de este tipo de interacción, enfocaron y se escucharon. Un paso fue así. Él dijo: «Cuando te hago esas preguntas y tú te enfadas y no me hablas, ¿cuáles son tus sentimientos? Puedo escuchar ahora, para variar».

En vez de repetir su habitual queja acerca de su posesividad, ella enfocó. Por un momento ella permaneció en silencio, y él también. Entonces ella lo captó: «Lo que me enfada tanto, Hank, es que cuando me preguntas esas cosas, de repente, para mí te conviertes en un hombre no atractivo, no romántico, un hombre asustado, y pierdo mi atracción sexual por ti. Eso es lo que realmente sucede».

Él simplemente dijo: «Oh, yo no sabía eso. Me alegro que hayas dado con ello y me lo hayas dicho».

Este paso de focusing no resolvió todos sus problemas, por supuesto. Pero incluso este único paso tuvo el efecto de mover su relación más allá de un punto atascado.

Focusing puede ahorrar tiempo. Puede llevar solo unos pocos minutos al día. Llegas a donde está el problema y este cambia. Cuán más eficiente es eso que permanecer atascado en una relación que no cambia, gastando tiempo y energía en repetidas riñas que no van a ninguna parte.

Parece obvio que las relaciones cercanas pueden beneficiarse de focusing y de una escucha regular. Pero, ¿qué pasa con las situaciones laborales? ¿No se volvería todo el mundo demasiado cercano? ¿Podría la atmósfera hacerse demasiado pegajosa? ¿Se hablarían las personas íntimamente todo el tiempo y entonces no se terminaría ningún trabajo? ¡Imagínate estar quince minutos escuchando a alguien cada vez que vas al departamento de compras a por un simple formulario!

No, no sería así. Al contrario, ¡es más así *sin* focusing y escucha!

La mayor parte de los lugares de trabajo están cargados de malas sensaciones y malas relaciones. Cada vez que Rhena va al departamento de compras tiene que aguantar esas sonrisas enfermizas de la mujer que el año pasado trató de que la despidieran. Bill es destructivo y no confía en nadie, y Jim le sigue la corriente y le cuenta todo lo malo de los demás. Y así otros tantos.

Mucha gente trabaja todos los días en lugares así. Incluso en lugares agradables, el trabajo se aceleraría si las personas escucharan.

A la gente le gusta hacer su trabajo, y hacerlo bien. Se desaniman porque en la mayoría de lugares hay demasiadas maneras de atascarse.

Llevará mucho tiempo mejorar nuestras situaciones de trabajo, nuestras escuelas, hospitales o iglesias. En cualquier institución pueden crearse espacios y tiempos para enfocar y escuchar. Pero incluso cuando todo el mundo aprenda focusing y la escucha (probablemente en las escuelas), nuestros lugares de trabajo e instituciones aún cambiarán despacio.

Hoy en día, la estructura de nuestras instituciones ofrece pocas oportunidades para vivir y hablar personalmente. Dentro de ellas, el vivir real de las personas es atenuado y silencioso, solitario. En términos de instituciones sociales, *ese* espacio está vacío.

Si quieres conocer a alguien más personalmente, la sociedad moderna ofrece solo escasas y pobres alternativas. Puedes asistir a psicoterapia. Puedes participar en un grupo de encuentro de fin de semana. Si todo va bien (ocurre alrededor de una de cada tres veces), te acercarás a algunas personas y ellas se acercarán a ti. Luego se termina. Si quieres más, entonces una semana más tarde encontrarás un nuevo grupo de personas desconocidas. Puedes tener la misma experiencia inicial una vez más, pero no es una estructura social permanente.

¿Cuál es la respuesta? Creo que reside en una nueva clase de estructura social llamada un grupo «Cambios»[1].

Varios grupos así se han ido desarrollando a lo largo de los años, en varias partes del país, por personas que conocen el focusing y la escucha. Un grupo así reúne a

[1] Cambios (Changes) fue iniciado por Kristin Glaser.

personas en la intimidad que aportan el focusing y la escucha. Lo importante es que está *ahí*, una estructura social estable. Es un lugar donde puedes ir cuando necesitas enfocar y necesitas a alguien que te escuche.

Tú mismo puedes fácilmente poner en marcha un grupo Cambios. Para enseñarte cómo funcionan tales grupos, permíteme que te describa uno de ellos: Cambios en Chicago.

En una típica tarde de domingo, hay una gran reunión en la iglesia de la calle 57 esquina con la avenida Universidad. Dos estancias grandes están llenas de gente. Si miras más de cerca ves que están en parejas. En muchas pequeñas mesas, en rincones y en el salón, ves a personas sentadas de dos en dos. Una habla, otra escucha. Después de algún tiempo, intercambian los roles.

Si hubieras llegado más temprano hubieras visto una gran reunión de todo el grupo. Hubieras visto la escucha en acción. Alguien dice algo importante. Otra persona se vuelve a la que ha hablado y dice: «Pienso que a lo que te refieres es...». La persona que ha hablado hace una pausa, enfoca brevemente y dice: «Bueno, sí, pero más como...».

Siempre me impresiona en Cambios cuando esto sucede tan habitualmente. Aunque he entrenado a gente en el escuchar durante muchos, muchos años, frecuentemente se me olvida escuchar cuando estoy en un grupo grande. Siempre me alegro cuando otras personas no lo olvidan. Si yo interrumpo, alguien dice, «Espera, Gene, creo que ella está tratando de decir...».

De vez en cuando, alguien tímido querrá decir algo difícil y pedirá a un individuo del grupo que escuche. Puede parecer raro. Recuerdo a Susan levantándose en una reunión y diciendo: «Um... Joe, ¿puedes escucharme para darle salida a esto?». Joe asiente. Ella dice algo y Joe refleja el meollo de ello. Ella continúa y lo mismo hace Joe. De esta manera ella consigue que sus pensamientos sean dichos y escuchados, antes de que alguna otra persona en el grupo pueda interrumpir o discutir. Todo el mundo comprende lo que ella quería que Joe hiciera y por qué.

Otro propósito de la escucha en esa comunidad se te aclararía durante el descanso. La gente pasea y habla en pequeños grupos informales, como lo hacen en cualquier otro lugar. Alguien se acerca a un hombre y dice: «Hola, Tom. Estoy pasando una racha difícil y necesito que alguien me escuche. ¿Estás en condiciones de hacerlo?». «Claro», dice Tom. «¿Necesitas que sea ahora mismo?». «Bueno, sí, si te parece bien». Se alejan a buscar un rincón tranquilo.

O Tom podría haber dicho: «No, no quiero escuchar ahora. Lo siento». La persona que enfoca se alejaría e iría a buscar otra persona que la escuchara. O Tom podría haber sugerido un momento de algún otro día. O podría haber dicho: «Sí, claro, pero necesito que me escuches también. ¿Podemos compartir el tiempo?».

Como hemos indicado antes en este libro, escuchar de verdad es infrecuente. Cuando Allan se mudó a Tucson por trabajo, volvería a Chicago cada pocos meses, ¡solo *para ser escuchado*!

Una vez que las personas experimentan el abrirse paso a paso de lo que al principio es vago y oscuro al propio detalle interno y al cambio, entonces vivir sin esto se vuelve solitario y superficial. Sin algunas personas que escuchen, es difícil oírse a sí mismo/a. Con frecuencia sentimos frustración cuando las personas no conocen focusing. A cada rato queremos decir: «¿Podrías adentrarte más a ver qué es eso?», pero la persona no comprende lo que eso quiere decir.

Las personas creen que ya saben lo que sienten. Pueden estar en excelente contacto con sus «presentimientos», pero se contentan con eso. No saben que se abriría un camino de muchos pasos si sintieran más allá de las sensaciones obvias hacia lo que aún no es claro.

Así, generalmente, queremos enseñar focusing a aquellas personas con las que queremos tener un trato más cercano. No es que necesitemos escuchar algo más. En silencio, también va bien.

También es solitario si recibes lo que digo y siento como algo inamovible, si no me escuchas sabiendo que puede haber pasos hacia una mayor profundidad, y cambios. Es aburrido si recibes lo que expreso como mi «posición» y en respuesta tú declaras la tuya. Entonces hemos terminado. Sentimos desánimo, como cuando una puerta se cierra en un muro.

No es sorprendente que Allan venga a Chicago para ser escuchado. Ahora que estas destrezas están extendiéndose, Cambios ya no es una isla tan excepcional.

Después de la parte del escuchar mutuo de la tarde de Cambios, hay un breve descanso. Luego, la gente va a grupos especiales. Hay grupos de entrenamiento en la escucha. Hay varios grupos de focusing en los que prevalece un clima muy agradable, y que se mostrarían tímidos de dejarte entrar. Hay también otras actividades. Alguien podría haberse levantado espontáneamente en el gran grupo y decir: «Esta noche me gustaría dirigir un grupo de baile y movimiento. Encontraos conmigo en este rincón». O podría haber sido sobre modificación de conducta o un grupo de interpretación junguiana de sueños.

Focusing hace todos los otros métodos más efectivos al ponerlos en relación con el felt sense corporal. No hacemos de focusing una «secta». Va bien con, y se puede añadir a cualquier cosa que una persona ya encuentre de ayuda. A la inversa, nos alegra que alguien nos enseñe otras habilidades. La gente habla de diferentes métodos como si se contradijeran unos con otros, pero en el cuerpo humano lo que ayuda no se contradice con ninguna otra cosa que también ayude. Focusing te permite darte cuenta si algo es de ayuda para ti en un momento dado.

El entrenamiento en destrezas de autoayuda es esencial para una red así, y focusing y la escucha implican pasos específicos en los que cualquier persona puede ser entrenada.

A menudo podrías encontrar que está teniendo lugar más psicoterapia real en esa comunidad que en la terapia formal. Podría preocuparte ver a gente, aparentemente no entrenada, haciendo esto. ¿Qué pasa si Tom no es bueno escuchando, o si impone sus puntos de vista sobre los otros? ¿Esto es seguro?

Es más seguro que acudir a profesionales. Nadie piensa que la otra persona es una autoridad. Aquí, probablemente, nadie tolerará que le digan qué hacer, o que le fuercen o le interrumpan. La persona a la que se le pide escuchar es solo otra persona. Si a la persona que enfoca la escucha de Tom no le sienta bien, se marchará.

Pacientes de psicoterapia que estén consiguiendo poco de la terapia necesitan meses o años para cambiar de terapeuta. Habitualmente piensan: «El doctor *debe* saber lo que está pasando. *Tiene que* haber buenas razones para ello». Cambios es mucho más seguro que la psicoterapia. Cuando la psicoterapia es efectiva, es insustituible, pero entonces la persona puede sentir que en su cuerpo tienen lugar algunos cambios.

¿Cómo puedes empezar tu propio grupo Cambios? Empieza por encontrar una persona que enfoque y escuche contigo. Si eso funciona y ambas queréis un grupo Cambios, invitad a entrar a una tercera persona, y planead ir permitiendo gradualmente entrar a otras. Animad a cada persona a la que le guste a traer a otras.

Lo que hace que cualquier grupo Cambios funcione es el método focusing-escucha. No hay necesidad de un «reglamento» y Cambios, como tal, no tiene ninguno. Por supuesto, hay que tomar decisiones prácticas. Alguien tiene que decidir cuándo reunirse, qué hacer con pequeñas cantidades de dinero, y así.

En el modelo organizacional tradicional –no en Cambios– tales decisiones son manejadas por un pequeño grupo de poder al que las demás personas no pueden unirse. Otro modelo es la «democracia participativa», en la que todo el mundo trata de tomar todas las decisiones. Pero las decisiones son aburridas, la gente se impacienta, y las reuniones se enconan, aun cuando la decisión que haya que tomar sea trivial.

Cambios es un tercer modelo. Hay un pequeño grupo que toma las decisiones prácticas. Pero todo el mundo sabe cuándo y dónde se reúne, y siempre está invitado a ser parte de ello: ya sea para asistir una sola vez, ocasionalmente, constantemente o nunca. La mayoría no va, pero todo el mundo puede ir.

Cada grupo Cambios está organizado según desean sus miembros. Hay un «Changes International», pero su única función es mantener una lista de grupos Cambios y, ocasionalmente, envía publicaciones. No hace cumplir ningún «reglamento».

El focusing y la escucha no son las únicas cosas que se practican, ni el único punto de vista. Pero son compartidas y aprendidas por todas aquellas personas que lo desean. Hay mucho cambio terapéutico y cercanía humana.

13

La experiencia más allá de los roles

En nuestros tiempos, está teniendo lugar un avance en la naturaleza del ser humano.

A lo largo de la historia, las personas se expresaban a través de patrones rutinarios de lenguaje y se entendían de esa manera también. Se etiquetaron tipos de experiencias emocionales: si alguien te engañaba, te enfadabas; si alguien te daba algo, sentías agradecimiento. Sin duda, la gente sospechaba que había algo más ahí que todo eso –más de lo que se podría decir y entender– pero nadie sabía muy bien lo que era ese «más».

Para expresarnos (incluso interiormente) y manejar nuestras situaciones, necesitamos meternos en este «más» de nuestra propia experiencia. Al principio este «más» revelaba ciertas causas y contenidos que parecían ser iguales para todas las personas. Por supuesto, no había acuerdo sobre cuáles eran precisamente esos contenidos universales, y surgieron varios sistemas para decir lo que eran. Luego, cuando se profundizó, se descubrió que más allá de los sistemas emerge el ser humano único.

En años más recientes ha habido un gran desarrollo: millones de personas «se han puesto en contacto con sus sentimientos». Si una persona no ha estado acostumbrada a volverse hacia adentro, hacia sus sensaciones y sentimientos, muy a menudo, hacerlo es un gran paso-de-vida.

Existen muchos métodos y movimientos que tienen esto como su esencia.

Focusing es un paso diferente, que va más allá. Más allá de contactar sensaciones y sentimientos, hay un «lugar» interno diferente. *Una sensación corporal holística, al principio no clara*, puede formarse. Es una sensación del significado global de un asunto en concreto. *Es desde este «lugar»* desde el que pueden surgir una serie de cambios internos, un camino de muchos pasos. Una textura interior de detalle se revela a sí misma y cambia.

En nuestra investigación encontramos focusing al estudiar a pacientes que ya lo hacían. No lo inventamos. Solo lo concretamos y lo hicimos enseñable.

Ahora comprendemos que la experiencia humana no consiste realmente en piezas o contenidos que tienen una forma estática. A medida que percibimos la forma exacta, finamente compleja en un momento dado, ella también cambia en este mismo percibir.

La experiencia de una persona no puede ser *comprendida* por otras, ni siquiera por la persona que la está experienciando. No puede ser expresada mediante las etiquetas comunes. Tiene que ser recibida, encontrada, sentida, atendida, y que se le permita mostrarse tal y como es.

Una historia ayudará a mostrar lo que quiero decir.

Me pidieron que enseñara focusing y la escucha a un grupo de psicoterapeutas y de estudiantes formándose para serlo. Una mujer, terapeuta en formación, no se sentía como una igual en el grupo. En el grupo solo había otra mujer. Incluía a su supervisor, a varios compañeros, a un hombre que era su terapeuta, y a mí, el profesor visitante.

Cuando llegó su turno de expresar algo acerca de un problema (para que pudiéramos practicar la escucha), dijo que su marido insistía en que ella hablara al volver a casa. Él la había ayudado en su larga lucha para formarse profesionalmente, y ahora quería que ella compartiera sus experiencias con él. Nada más justo. Sin embargo, cuando llegaba a casa, ella quería descansar, estar en ella misma. Quería ser capaz de negarse.

Yo cumplí las reglas de buena escucha y dije solo esto: «Tú anhelas estar en ti misma, descansar, ser capaz de negarte. ¿Es así?».

Algo dentro de ella pareció soltarse de repente. Levantó la vista y sus ojos brillaron. «¡Sí, ser capaz de negarme!¡Ser capaz de guiarme por mi propia necesidad y sentir! ¡Dejar que eso cuente para algo incluso en relación con otra persona! ¡Sí, sí!».

Las demás personas tenían algunas preguntas. ¿No estaba siendo egoísta, hostil? ¿No estaba evitando el contacto con otro humano? ¿No estaba mostrando alguna falta de madurez por su necesidad de retirarse a fin de encontrarse a sí misma? Se podrían hacer cadenas enteras de deducciones a partir de lo poco que ella había dicho, y se le podrían aplicar muchas etiquetas rutinarias.

Nadie parecía querer aceptar lo que ella había dicho, tal y como lo había dicho. Todos parecían querer *algo más*, algo que ella *no* dijo, para que fuera lo que «realmente» había allí. Yo «solamente» había escuchado.

Ella desafió al supervisor, al terapeuta, y a las demás personas. Ahora podía sentir que sabía exactamente lo que estaba experienciando. Resonaba dentro de ella. Las palabras tocaron la experiencia, y la experiencia corroboró las palabras.

Ella había descubierto, al ser oída con exactitud, que su sensación tenía su propia forma y razón de ser personales.

Pero, ¿no podría alguien argumentar que la experiencia de esta mujer encaja en un patrón común? La mujer que afirma la realidad de su propia experiencia: ¿no es este el modelo 17B, por decirlo así?

No, la experiencia de una persona no es un patrón. Puede parecer que encaja con un patrón ahora mismo, pero unos momentos después encajará con otro o con ninguno. En cualquier caso, el aparente ajuste nunca será exacto, porque la experiencia tiene más riqueza que los patrones. Además, es cambiante.

La experiencia es única cuando focusing la ha desplegado. Como alguien me dijo una vez en relación a una sala donde hicimos mucho focusing y escucha: «Lo que tiene lugar ahí dentro, nunca ha sucedido antes en la historia del mundo». Esta persona quería decir que la experiencia única de cada persona, al recorrer los pasos de focusing, nunca se había tenido antes. Pero también quiso señalar el hecho de que en la historia, hasta ahora, la gente común, generalmente, no ha hecho esto.

Es un paso nuevo en el desarrollo humano cuando las personas no solo pueden ponerse en contacto con sus sensaciones y sentimientos, sino también moverse a través de pasos de despliegue y cambio. Nos estamos moviendo más allá de los patrones de conformidad.

El inconformismo siempre ha sido posible, por supuesto. Pero aquellas personas que rechazaban los patrones tradicionales a menudo se encontraron a sí mismas a la deriva, perdidas, sin valores y normas. Focusing sustituye esos patrones por un modo de hacer nuevos patrones.

Si estamos activamente desechando formas y patrones antiguos, ¿qué los reemplazará? ¿Nuevas formas que serán igualmente fijas y dolorosas? Las nuevas formas pueden provenir del *interior* de cada persona en vez de ser impuestas desde el exterior. Un mundo en el que esto suceda no será un mundo en el que las personas son metidas a la fuerza en moldes que limitan y hacen daño. Será un mundo en el que *las formas son usadas de una manera nueva.*

Examinemos esta posibilidad con un poco más de detalle.

Muchas personas están luchando hoy con un hecho desconcertante: los viejos modelos que supuestamente debieran hacer que la vida funcione –y una vez lo hicieron– ya no sirven más. Ser padre o madre hoy, por ejemplo, no sirve si tratamos de hacerlo como nuestros padres o madres lo hicieron, y, con todo, no se ha establecido ninguna otra forma que podamos seguir. Tenemos que inventarla a medida que avanzamos, a menudo aprendiendo que lo que acabamos de hacer estuvo mal.

De modo semejante, algunas mujeres encuentran el rol de ama de casa vacío e intolerable, pero, a menudo, no se hallan preparadas para ninguna otra cosa, aun sabiendo lo que podría ser. El modelo de ser mujer está cambiando, pero la gente argumenta si está cambiando a este o aquel nuevo modelo, como si finalmente, de alguna manera, debiera imponerse una forma fija.

Y, ¿cuáles son los roles apropiados para hijos e hijas? ¿Puedes llegar a ser tú mismo o tú misma y aun así respetar a tus padres? Esta es una pregunta a la que se enfrenta toda persona joven.

Estos viejos modelos fueron útiles alguna vez. La mayoría de las personas (siempre con raras excepciones) se ajustaron a los roles y rutinas que les fueron asignados y que les dieron una vida interior de emociones. Solo un pequeño número de personas educadas e inteligentes *crearon* roles y patrones.

Pero hoy, esa dependencia respecto de rutinas y roles ha cambiado. Una gran parte de la masa de la gente es educada y culta. La creatividad y las necesidades creativas de la gente han aumentado, y ahora las rutinas son demasiado limitantes. Las personas descubren que tienen sensaciones mucho más complejas que lo que exigen u ofrecen los roles aceptados.

¿Cómo pueden unas personas más desarrolladas construir una estructura social mejor? Es un gran problema no resuelto. Sabemos mucho de cómo los modelos sociales forman a las personas, pero si uno empieza con las personas… nos faltan datos. No sabemos cómo el desarrollo individual puede llegar hasta el nivel de la estructura social. Por eso ha habido tan poco progreso en la naturaleza de las entidades políticas y sociales.

Focusing es solo una porción de una respuesta. Permite a las personas encontrar su propia fuente interna de direccionalidad. Puede ser una fuente de nuevos patrones, concebidos de una manera fresca por cada quien.

En lugar de las estructuras estáticas, necesitamos ser creadores de estructuras. Esto no tendría por qué ser desestructurado. Sin estructura nada sucede. Sería una reestructuración constante esperada y sobreentendida. Las situaciones sociales podrían estructurarse de forma que pudieran ser reestructuradas por sus participantes.

En vez de tener las predecibles, esperadas emociones que los roles demandan, a menudo tenemos sensaciones y sentimientos poco claros. Son poco claros porque sensaciones «claras» son aquellas que están ya modeladas. Tenemos que hacer nuevas frases para expresar estas sensaciones poco claras, y nuevas formas de acción para llevar estas sensaciones y sentimientos a nuestra vida diaria. Este es el proceso de creación de formas.

Hasta cierto punto, todas las personas estamos cada vez más comprometidas en *el proceso de crear formas*.

De aquí es de donde puede venir el gran cambio. Si nos aceptamos y aceptamos a las demás personas como creadores-de-formas, nunca más necesitaremos imponernos formas ni imponerlas a las demás personas.

Hoy en día la mayoría de la gente todavía asume que finalmente se llegará a un consenso acerca de un nuevo conjunto de formas. La conclusión es que, igual que antes, tendremos que imponernos esas nuevas formas e imponerlas a cada persona.

Es cierto que todavía está teniendo lugar mucho de este viejo estilo de imponer formas. Por ejemplo, la gente piensa que ahora el modelo del nuevo rol es no sentir celos ni ser una persona posesiva. Si su pareja o amante está teniendo una relación sexual con otra persona, sienten que deberían aceptarlo. Pero no lo hacen. Entonces pasan por grandes luchas internas para forzarse a aceptar el modelo del nuevo rol. El sexo libre es la nueva forma; y al mismo tiempo que están preparadas para cambiar lo viejo, lo nuevo que se autoimponen puede no encajar tampoco. Un dolor sin fin continúa, junto con sentimientos de culpa y autocondena, porque la nueva forma no encaja. La pregunta es: «¿Qué me pasa?». «Si esta forma encaja con todo el mundo que es valiente y moderno, ¿por qué no encaja conmigo?». Solo la forma es nueva. Esta es la manera habitual de conformarse a las formas, sean viejas o nuevas.

Algunas parejas que conocen focusing están desarrollando maneras únicas y diferenciadas de abrir sus relaciones. Otras dicen que tienen un respeto nuevo por los celos, porque pueden sentirlos en sus cuerpos. Lo que *está* claro es que adoptar modelos generales, viejos o nuevos, no es el camino. Nuestros cuerpos constantemente absorben nuevos aprendizajes, incorporaciones a su ya gigantesco almacén de sabiduría. El aprendizaje verdadero solo puede ocurrir en diálogo con el propio cuerpo. Un acercamiento sensible a focusing puede resultar en modelos realmente llevaderos, adaptados exclusivamente a cada persona y a nuestra gente querida. Permitámonos ser *creadores* de modelos.

Los sentimientos parecen ser cosas internas, fuertes y a menudo invariables. Para revelar que una sensación no es una cosa, uno debe sentir más allá de ello. Es diferente percibir la globalidad de una situación como una sensación corporal todavía no clara.

Las sensaciones y sentimientos a menudo chocan con la razón. Muchos sentimientos son *menos* sabios que la razón, y, sin embargo, la razón por sí sola raramente es suficiente para cambiarnos, o para apoyarnos solo en ella.

El holístico felt sense es más inclusivo que la razón. *Incluye* las razones de la razón, así como lo que hizo el sentimiento y mucho más. Ese sentir holístico puede ser vivido más allá, y tiene su propia direccionalidad. Es tu percepción de la globalidad de la cosa, incluyendo lo que sabes, lo que has pensado, lo que has aprendido. Incluye tanto lo que piensas que «deberías hacer» y lo todavía no resuelto. Pensamiento y sentimiento, deber y querer, ahora no están divididos en él.

Una persona dijo: «Cada vez más quiero ese sentido interno de conocer que, ahora, consigo a veces. Ojalá lo tuviera todo el tiempo».

Lo que al principio es percibido confusamente y holísticamente es más básico que los pensamientos, sentimientos, y maneras de actuar que ya están formados, cortados ya en patrones existentes.

Una sociedad de personas creadoras de patrones se avecina. Será sin duda una sociedad en la que las personas sean también más sensibles a las brutalidades y opresiones sociales, menos dispuestas a tolerarlas y más capaces de actuar para cambiarlas.

Apéndices

A. Nota filosófica
B. Investigación, aplicaciones y referencias bibliográficas
C. Directorio: dónde encontrar más entrenamiento en focusing o psicoterapia orientada a focusing
D. Focusing: forma breve

A

Nota filosófica

Focusing es parte de una filosofía más amplia (ver las referencias filosóficas). En focusing una persona presta atención a un «felt sense». Este se siente en el cuerpo, pero tiene significados. Tiene todos los significados con los que esa persona está ya viviendo, porque vive en todas las situaciones con su propio cuerpo. Un felt sense es cuerpo y mente antes de que se separen.

¿Cuál es la relación entre este cuerpo-mente no-separado y nuestro más usual pensamiento lógico? Me he ocupado de esta cuestión sistemáticamente en mis trabajos filosóficos.

Focusing no es una invitación a abandonar el pensamiento y limitarse a sentir. Eso no cambiaría nuestras sensaciones y sentimientos. Focusing comienza con ese raro y poco conocido «felt sense», y luego pensamos, verbalmente, lógicamente o con imágenes, pero de tal manera que el felt sense cambia. Cuando hay un cambio corporal, nos damos cuenta de que nuestra forma habitual de pensar se ha unido con el cuerpo-mente, y ha logrado dejar que el cuerpo-mente dé un paso.

En lo que podemos confiar no es solo en el cuerpo-mente, ni solo en el pensamiento, ni siquiera en el paso dado. Confiamos en toda la serie de pasos.

Pensar de la manera habitual puede ser objetivamente cierto y poderoso. Pero, cuando te pones en contacto con lo que el cuerpo ya conoce y vive, se vuelve infinitamente más poderoso.

Aquí hay un nuevo método, no solo para los asuntos personales, sino también para la teoría y la ciencia. El pensamiento lógico permanece dentro de cualesquiera «compartimentos conceptuales» con los que empieza. Tiene solo las diferentes interpretaciones rivales, conjeturas, puntos de vista, y debemos permanecer dentro de uno de estos. Cuando el felt sense es la piedra angular, podemos probar toda clase de conceptos diferentes sin confinarnos en ningún conjunto determinado. Esto es lo que los científicos y las científicas (ahora raramente) hacen cuando consiguen algo nuevo después de vivir con un problema por mucho tiempo. En vez de usar solo conceptos, se puede volver al felt sense unificado propio de lo que sea en lo que se esté trabajando.

Se puede mantener lo que sea que muestre cada conjunto de conceptos o conjeturas, y con todo sentirse libre de ellas e ir directamente al felt sense. De esta manera la persona puede emerger con algo más, a lo que aquellos conceptos nunca podrían llegar, y hacer nuevos conceptos.

Esto implica un nuevo modelo básico, una nueva manera de entender la experiencia y la naturaleza. La experiencia y la naturaleza no son como nuestros conceptos. La verdad no radica solo en el pensamiento. Se halla en cómo varios pensamientos se relacionan con la experiencia, tanto si ponen el foco en algo de la experiencia como si no.

La experiencia nunca puede equipararse a los conceptos. Pero la experiencia tampoco es «indefinida». Está *más* organizada, más finamente tallada, con diferencia, que cualquier concepto pueda estarlo. Y, sin embargo, siempre es capaz de ser vivida más allá, una vez más, en una nueva creación de significado que tiene en cuenta, y también cambia, todos los significados anteriores.

En otro lugar, he expuesto cómo esta relación entre conceptos y experiencia cambia la estructura conceptual y lógica.

Esta filosofía lleva a un nuevo método de pensamiento humano.

En mis trabajos filosóficos he encontrado maneras de ocuparme de los bien conocidos problemas relacionados con la palabra «experiencia», con la actividad del lenguaje más allá de lo que pueda ser representado y otros problemas que actualmente parecen hacer lo anterior imposible.

(Ver las referencias filosóficas).

B

Investigación, aplicaciones y referencias bibliográficas

(Muchas de estas referencias están disponibles
en www.focusing.org)

Ha habido más de 100 estudios de investigación que muestran la efectividad de Focusing y del High Experiencing Scale Level (Nivel Alto de la Escala Experiencial) en varias aplicaciones (Hendricks, 2001, disponible en www.focusing.org).

Focusing está siendo estudiado en relación a asuntos tan distantes entre sí como espiritualidad, negocios, resolución de problemas, escritura creativa, medicina, infancia, deportes y construcción de teorías.

Focusing se aplica a más ámbitos que los problemas personales. La creatividad, la originalidad y la profundidad en cualquier campo requieren algo semejante al focusing: la capacidad para prestar atención a lo que todavía no está verbalizado. Esto pudiera ser acerca de algo intelectual, práctico o de cualquier otra cosa.

Referencias filosóficas

GENDLIN, E. T., *Experiencing and the Creation of Meaning. A Philosophical and Psychological Approach to the Subjective*, (with a new Preface), Northwestern University Press, Evanston, IL 1997.

________, *A Process Model*, The Focusing Institute: www.focusing.org (1997).

________, «The Responsive Order: A New Empiricism»: *Man and World* 30/3 (1997), 383-411.

________, «Crossing and Dipping: Some Terms for Approaching the Interface Between Natural Understanding and Logical Formation»: *Minds and Machines* 5/4 (1995), 547-560.

________, «The Primacy of the Body, Not the Primacy of Perception»: *Man and World* 25/3-4 (1992), 341-353.

________, «Thinking Beyond Patterns: Body, Language and Situations», en B. DEN OUDEN y M. MOEN (eds.), *The Presence of Feeling in Thought*, Peter Lang, Frankfurt-New York 1991, 25-151.

LEVIN, D. M. (ed.), *Language Beyond Postmodernism: Saying and Thinking in Gendlin's Philosophy*, Northwestern University Press, Evanston, IL 1997.

Referencias

AA.VV., *Focusing and Medicine, The Folio: A Journal for Focusing and Experiential Therapy*, The Focusing Institute, 1999.

________, *Focusing and Children, The Folio: A Journal for Focusing and Experiential Therapy*, The Focusing Institute, 1997.

CAMPBELL, P. y MCMAHON, E., *Bio-Spirituality: Focusing as a Way to Grow*, Loyola University Press, Chicago, IL 1985.

ELBOW, P. y BELANOFF, P., «Private Writing: Finding What You Have to Say», en ÍD., *A Community of Writers: A Workshop Course in Writing*, McGraw-Hill, New York 1989.

FLANAGAN, K., *Everyday Genius: Focusing on Your Emotional Intelligence*, Marino, Dublin 1998.

FRIEDMAN, N., *On Focusing: How to Access Your Own and Other People's Direct Experience*, Arlington, MA 1995.

________, *Focusing: Selected Essays 1974-1999*, Xlibris Corp, 2000.

GENDLIN, E. T., *Let Your Body Interpret Your Dreams*, Chiron, Wilmette, IL 1986.

________, *Focusing-Oriented Psychotherapy. A Manual of the Experiential Method*, Guilford, New York 1996.

HENDRICKS, M. N., «Focusing Oriented/Experiential Psychotherapy: Research and Practice», en D. CAIN y J. SEEMAN (eds), *Handbook of Research and Practice in Humanistic Psychotherapies*, American Psychological Association, Washington D.C. 2001.

________, «Experiencing Level as a Therapeutic Variable»: *Person-Centered Review*, I/2 (1986), 141-162 (Sage Publications Inc).

HINTERKOPF, E., *Integrating Spirituality in Counseling: A Manual for Using the Experiential Focusing Method*, American Counseling Association, Virginia 1998.

IKEMI, A., *Presence, Existence & Space: Key Concepts in Focusing Oriented Psychotherapy*, (VHS video).

Nada Lou Productions, Canada 2000. Véase también: http://www.ne.jp/asahi/focusing/jfa/j-focusing-e.html

KLAGSBRUN, J., *How I Teach a Focusing Workshop*, The Focusing Institute, 1999.

________, «Listening and Focusing: Holistic Health Care Tools for Nurses»: *Holistic Nursing Care* 36/1 (2001), 115-129.

KLEIN, J., *Inside-Me Stories: «Something is Happening Inside-Me!»*, The Inside People Press, 1998.

SHERMAN, E., «Experiential Reminiscence and Life Review Therapy with the Elderly», en G. LIETAER, J. ROMBAUTS y R. VAN BALEN (eds.), *Client-Centered and Experiential Psychotherapy in the Nineties*, Leuven University Press, Leuven 1990, 709-732.

WEISER CORNELL, Ann, *The Power of Focusing*, New Harbinger, Oakland, CA 1996.

WILTSCHKO, J., «Focusing Therapy: Some Fragments in Which the Whole Can Become Visible», en R. HUTTERER, G. PAWLOWSKY, P. F. SCHMID y R. STIPSITS (eds.), *Client-Centered and Experiential Psychotherapy*, Peter Lang, Frankfurt-New York 1996.

WOLFE, B. y BIERMAN, R., «An Evaluation of a Group Treatment Program for Incarcerated Male Batterers»: *International Journal of Offender Therapy and Comparative Criminology* 40 (1996), 318-333.

C

Directorio

Tú debes juzgar cualquier proceso humano por tu propia experiencia corporal directa. Incluso si escoges a alguien destacado entre nuestro profesorado de focusing, si lo que ocurre no se siente bien, «como aire fresco», entonces no es focusing lo que está sucediendo. O, si se supone que es terapia, entonces no es terapia lo que realmente está sucediendo. Este principio se aplica no solo a este directorio sino a cualquier proceso supuestamente beneficioso para tu vida y tu persona.

Actualmente[1] tenemos profesorado de focusing en 125 ciudades solo en los Estados Unidos, y también en otros 31 países.

---

[1] Nota del Equipo de Traducción. Los datos aquí recogidos corresponden a agosto de 2007. Se puede acceder a información actualizada a través de la página web www.focusing.org.

Para encontrar un profesor o una profesora de focusing cerca de ti (o talleres o las últimas novedades en focusing) por favor consulta nuestra página web www.focusing.org.

Eugene T. Gendlin, Ph.D.
The Focusing Institute
34 East Lane
Spring Valley, NY 10977
Tel./Fax: (845) 362-5222
info@focusing.org
www.focusing.org

Contenidos en www.focusing.org

Encontrar una pareja de focusing (te turnas y divides el tiempo)
Encontrar un taller de focusing cerca de ti
Encontrar una profesora o un profesor de focusing o terapeuta cerca de ti
Visitar nuestra tienda de libros online
Visitar el Children´s Corner (Rincón de la Infancia)
Apuntarse en nuestra lista de correos
Afiliarse para conseguir nuestro boletín, revista y anuncios de talleres
Encontrar artículos de focusing en psicoterapia, medicina, escritura creativa, con niños y niñas, y en otras áreas

The Focusing Institute (Instituto de Focusing) es una organización sin ánimo de lucro fundada en 1986. Su misión es hacer focusing disponible para la comunidad académica e intelectual y para el público en general. Somos una comunidad internacional de personas que enfocan.

Focusing en parejas

Mucha gente en todo el mundo tiene una pareja de focusing. Reciben media hora de atención de otra persona y luego dan media hora de su atención por lo menos una vez a la semana, según un horario habitual, normalmente por teléfono.

Mucha gente enfoca los principales asuntos del día, como puede ser la siguiente cosa para hacer en el trabajo, experiencias internas, sus intentos de desarrollo como personas, una carta difícil de escribir, o cualquier cosa que encuentren como la más importante.

Tu pareja no te ofrece consejo ni juicio ni comentarios. Hemos aprendido que las personas pueden profundizar más y llegar a dar pasos creativos hacia adelante si quien escucha se abstiene de añadir nada. Juicios, consejos y comentarios expresan a la persona que los está dando, no a la persona, él o ella, a la que se está escuchando. Tu pareja te dirá honestamente si está siguiéndote o no. Por ejemplo: «Mi mente vagaba. ¿Podrías repetirme eso?».

Como personas que enfocan solo decimos acerca de algo tanto como queramos decir. Podemos adentrarnos profundamente en nosotros o nosotras mismas en nuestra propia privacidad.

D

Focusing: forma breve

1. Despejar un espacio

¿Cómo estás? ¿Qué hay entre ti y sentirte bien?

No respondas; deja que lo que viene a tu cuerpo responda.

No entres en nada.

Recibe, saluda, da la bienvenida a cada asunto que venga. Pon a un lado cada asunto por un momento, cerca de ti.

Excepto por eso, ¿estás bien?

2. Felt sense

Escoge un problema para enfocar.

No entres en el problema. ¿Qué sientes en tu cuerpo cuando recuerdas la globalidad de ese problema?

Siente todo eso, la sensación de la cosa completa, el oscuro malestar o la no clara sensación corporal de ello.

3. Lograr el asidero

¿Cuál es la cualidad del felt sense?

¿Qué palabra única, frase, o imagen emerge de este felt sense?

¿Qué palabra-cualidad se le ajustaría mejor?

4. Resonar

Muévete yendo y viniendo entre la palabra (o imagen) y el felt sense. ¿Es eso correcto?

Si encajan, ten la sensación de ajuste varias veces.

Si el felt sense cambia, síguelo con tu atención.

Cuando tengas una perfecta correspondencia, cuando las palabras (imágenes) sean exactamente las adecuadas para esta sensación o sentimiento, permítete sentir eso por un minuto.

5. Preguntar

«¿Qué es esto, acerca de la globalidad del problema, que me hace tan __________?

Cuando sientas bloqueo, pregunta:

¿Qué es lo peor de esta sensación?

¿Qué es realmente tan malo de esto?

¿Qué necesita?

¿Qué debería suceder?

No respondas; espera que la sensación se mueva y te dé una respuesta.

¿Cómo se sentiría si todo estuviera bien?
Deja que el cuerpo responda:
¿Qué se interpone en el camino?

6. Recibir

Da la bienvenida a lo que ha venido. Siente alegría de que aquello haya hablado.

Solamente es un paso en este problema, no el último.

Ahora que sabes dónde está, puedes dejarlo y volver sobre ello más tarde.

Protégelo de voces críticas que interrumpen.

¿Quiere tu cuerpo otra ronda de focusing, o este es un buen sitio para parar?

Índice general

Cuarta parte

Focusing y sociedad